Chocolate
Paixão irresistível

Pablo Hidalgo Rodríguez

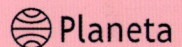

🌐 Planeta

© 2012, Editorial LIBSA

COORDENAÇÃO: Paula B. P. Mendes
TRADUÇÃO: Sandra Martha Dolinsky
PREPARAÇÃO DE TEXTO: Olga Sérvulo
REVISÃO: Vivian Miwa Matsushita
DIAGRAMAÇÃO: all4type.com.br

Equipe Libsa:
COLABORAÇÃO NOS TEXTOS: Pablo Hidalgo Rodríguez e equipe editorial Libsa
EDIÇÃO: equipe editorial Libsa
CAPA: equipe de design Libsa
DIAGRAMAÇÃO: Julián Casas e equipe de diagramação Libsa
ILUSTRAÇÕES: arquivo Libsa

CIP-BRASIL. CATALOGAÇÃO-NA-FONTE
SINDICATO NACIONAL DOS EDITORES DE LIVROS, RJ

R6191	Rodríguez, Pablo Hidalgo
	Chocolate : paixão irresistível / Pablo Hidalgo Rodríguez ; [tradução Sandra M. Dolinsky]. - São Paulo : Planeta, 2012.
	160p. : il. ; 26 cm
	Tradução de: Chocolate : Pasión irresistible
	ISBN 978-85-7665-960-0
	1. Chocolate. 2. Culinária (Chocolate). I. Título.
12-3960.	CDD: 641.5
	CDU: 641.5

2012
Todos os direitos desta edição reservados à
Editora Planeta do Brasil
Av. Francisco Matarazzo, 1500
Ed. New York – 3º andar – conjunto 32B
05001-100 – São Paulo-SP – Brasil
www.editoraplaneta.com.br
vendas@editoraplaneta.com.br

Sumário

Introdução	4-29
História do chocolate	6
A árvore de cacau	12
Composição e tipos de cacau	14
Do cultivo ao chocolate	16
Porcentagem de cacau	20
A difusão do chocolate na Europa	21
Nascimento da indústria chocolateira	23
Degustação de chocolate	26
Apresentação de bombons	27
O chocolate e a saúde	28
Chocolate com frutas	30-61
Chocolate em taça	62-83
Pequena confeitaria	84-111
Bolos e tortas	112-135
Uma pequena delicadeza	136-157
Termos usuais	158
Índice de receitas	160

Introdução

O chocolate, além de ser um alimento particularmente saudável, com alto conteúdo de nutrientes e do agrado da maioria das pessoas, está vinculado, como símbolo, a uma grande variedade de situações que englobam extremos opostos, como a guerra e o amor. Os soldados que iam para a frente de batalha ganhavam de presente latas de chocolate para que sua ingestão lhes infundisse forças. Ou seja, de maneira paradoxal, ganhavam de presente o mesmo alimento que, tradicionalmente, em alguns países, continua sendo dado à pessoa amada no Dia dos Namorados.

Embora existam muitos pratos salgados confeccionados com chocolate, e ainda que essa iguaria faça parte de uma grande quantidade de sobremesas ou bebidas de uso cotidiano, em algumas de suas formas o chocolate é reservado a ocasiões pontuais, privadas ou não, vinculadas à ideia de usufruir, de experimentar o prazer dos sentidos ou de compartilhar um momento agradável.

Chocolate e amor são tradicionalmente inseparáveis.

Suas características peculiares de derreter à temperatura da boca, ser solúvel em água ou leite e adotar com relativa facilidade a forma que se quiser dar a ele, unidas a seu sabor e sua variada textura, deram a ele um lugar importante na lista dos produtos mais utilizados em confeitaria. Seu toque amargo combina perfeitamente com os cítricos, com os cremes doces e até mesmo com alimentos salgados. Sua textura inconfundível, aveludada, se adapta a muitas preparações.

Nesta obra, apresentamos receitas que podem ser agrupadas em cinco categorias, cada uma delas com suas próprias técnicas e seu próprio modo de apresentação. Em todas se escolhe o tipo de chocolate, seja em pó ou em barra, e a porcentagem de cacau que melhor combine com os demais ingredientes.

O primeiro capítulo oferece receitas de chocolate com frutas. São na maioria preparações simples, que permitem uma delicada apresentação e que contrastam o frescor, a suculência e a leveza das frutas com a densidade e o corpo próprios do cacau. São sobremesas saudáveis e nutritivas que permitem, além de tudo, fazer uso da imaginação.

No segundo capítulo temos as receitas dos cremes e espumas de chocolate servidos em taças, que mostram uma vez mais a grande versatilidade desse alimento. Em temperatura ambiente ou geladas, essas taças constituem uma sobremesa requintada, na qual o sabor e a textura têm um papel importante.

O chocolate pode fazer parte de todo tipo de sobremesa: docinhos, bombons ou taças são apenas algumas das muitas formas desse versátil alimento.

O terceiro capítulo é dedicado à confeitaria, à confecção de pequenas iguarias nas quais o chocolate costuma acompanhar, seja em forma de creme ou puro e sólido, as bases de massa doce.

Os bolos e tortas que formam o quarto capítulo admitem todo tipo de criação; desde o jogo com texturas e camadas até as coberturas e decorações mais surpreendentes. São, aliás, os reis da confeitaria e imprescindíveis em comemorações de aniversários.

O quinto e último capítulo contém receitas de biscoitos e bombons, e estes, sem dúvida, constituem a forma mais refinada de apresentação do chocolate sólido.

Em alguns bombons, o chocolate é o protagonista; em outros, transforma-se em um pequeno recipiente que pode guardar dentro de si cremes, fondants ou licores, mas sempre são pequenas peças muito delicadas, em que o mestre chocolateiro verte sua arte e seu saber.

Nos biscoitos, complemento ideal para cafés da manhã e lanches, o chocolate pode fazer parte de sua composição geral ou ser utilizado apenas como decoração.

Os amantes do chocolate têm neste livro um guia para degustá-lo em diferentes preparações, que deixam em evidência a suntuosidade, a sensualidade e o refinamento dessa iguaria.

Os bombons são pequenos bocados cujos ingredientes e apresentação seguem a tradição.

Introdução • 5

Após a América, berço do cacau, ser descoberta por Colombo, os europeus descobriram o chocolate.

História do chocolate

A descoberta do Novo Mundo representou, tanto para a Europa quanto para a própria América, o conhecimento de uma grande variedade de espécies vegetais e animais desconhecidas até então por seus povos. Entre a flora do vasto continente descoberto por Cristóvão Colombo encontrava-se uma árvore que os nativos do México chamavam, na língua náhuatl, de *cacahua*, e os espanhóis, de *cacautero* ou árvore de cacau.

O lugar de origem dessa espécie é incerto; alguns pesquisadores o situam na bacia dos rios Orinoco e Amazonas, ou seja, na América do Sul, argumentando que depois foi se espalhando para o norte até chegar ao sudeste do México e às ilhas do Caribe. Outros, porém, situam-no exatamente no México, visto que, segundo as evidências encontradas, foram os olmecas os primeiros a cultivá-la. Tudo parece indicar que, inicialmente, não utilizaram as sementes, de sabor amargo, e sim a acidulada polpa do fruto.

A utilização das bagas que crescem no tronco e nos galhos da árvore seguia um processo especial: primeiro, eram cortadas da árvore com cuidado para não ferir as flores e frutos restantes, e depois eram deixadas de cinco a dez dias no chão úmido. Ao ficar em contato com as bactérias do entorno, fermentavam, e os açúcares da polpa se transformavam primeiro em álcool e dióxido de carbono, depois em ácido láctico, e, finalmente, em ácido acético. Tudo isso acentuava seu aroma e conferia à massa resultante um sabor adocicado. Depois, ela era misturada com água e recebia especiarias, principalmente picantes. Era uma espécie de cerveja espumosa destinada à realeza e às classes altas.

A utilização das sementes em vez da polpa parece ter começado mais tarde, no ano 800 a.C., seguindo também um processo de fermentação para elaborar uma bebida similar à descrita.

Foi tal o valor que as grandes civilizações da América Central deram ao cacau que, durante muito tempo, ele foi utilizado como moeda.

O início do cultivo do cacau foi atribuído a diferentes civilizações da América.

Por essa razão, um dos primeiros nomes que os espanhóis deram às sementes de cacau foi "amígdala pecuniária"; amígdala, em grego, significa "amêndoa", e pecuniária, do latim, "pertencente ao dinheiro".

Olmecas

A civilização olmeca habitou a região das selvas tropicais ao sul de Veracruz, no México, há pelo menos 3.000 anos e depois se espalhou pelo centro e a costa oriental da América Central, mas a influência de sua cultura foi encontrada também em países como Guatemala, El Salvador, Honduras, Nicarágua, Costa Rica e Belize.

Embora se desconheça o nome que deram a si mesmos, eram conhecidos pelos demais grupos como olmecas, palavra que significa "homens de *hule*" (borracha), visto que faziam diversos objetos com esse material.

Escultura da civilização olmeca, que cunhou a palavra *kakawa*.

Os povos da América Latina utilizaram primeiro a polpa e depois as sementes do cacau para preparar bebidas rituais.

Em Puerto Escondido, atual território de Honduras, foi encontrada uma vasilha de barro que, ao ser analisada mediante o método do carbono 14, comprovou que continha teobromina, um dos componentes do cacau. Essa vasilha foi encontrada com outros objetos: bolas de borracha, machadinhas entalhadas, ossos de tartaruga etc. Os especialistas chegaram à conclusão de que nesse lugar o cacau era consumido, principalmente, por pessoas de alto nível social, em cerimônias religiosas e no pacto matrimonial.

Antes desse achado, atribuía-se aos maias o primeiro uso dos frutos do cacaueiro, mas, hoje, admite-se que os olmecas iniciaram seu consumo cerca de 1.750 anos antes do início da era

Cabeça olmeca monumental que talvez represente um guerreiro ou chefe.

cristã. Também se presume que foram eles os primeiros a cultivá-lo, visto que as terras que habitavam atendiam às condições indispensáveis.

Maias

Os maias se estabeleceram no século X a.C. na área que vai da península de Yucatán até a costa da Guatemala, no Pacífico, de modo que durante um período conviveram com os olmecas, com quem estabeleceram intercâmbios culturais. Hoje, estima-se que a civilização maia foi a primeira a utilizar as sementes do cacaueiro em vez da polpa.

Nas línguas maias, a árvore também era denominada *ka'kaw*, palavra tomada dos olmecas e relacionada a *kakh*, que significa "fogo". A bebida que preparavam com ela recebia o nome de *chocolhaa*; *chocol* significa "amargo", e *haa*, "água", de modo que poderia ser traduzido como "água amarga".

Em seus escritos foram encontradas receitas para preparar essa bebida, com indicações para deixá-la mais ou menos densa e explicações acerca dos elementos para aromatizá-la. Era um produto muito cobiçado, consumido pela realeza, por pessoas de alto nível e guerreiros.

Foram os maias que descobriram algumas de suas propriedades medicinais, apreciaram seus efeitos energizantes e calmantes e utilizaram a manteiga de cacau aplicada sobre as feridas para facilitar a cicatrização e evitar infecções.

Dentre os rituais e costumes maias cabe citar a festa celebrada no mês de abril para honrar o deus do cacau, Ek Chuah. Na festa, era costume sacrificar cães e outros animais em que previamente pintavam manchas de chocolate. Eram oferecidos ao deus juntamente com frutos de cacaueiro.

As civilizações maia e asteca eram tão avançadas que utilizavam um calendário muito preciso, indispensável para a agricultura.

O deus Kukulcán revelou aos homens a existência da árvore de cacau.

Também eram celebrados rituais religiosos nas diversas fases do cultivo: na semeadura, sacrificava-se um cachorro, como foi descrito, e respeitava-se a tradição que prescrevia que aqueles que iam plantar as árvores deviam se manter em celibato durante treze noites. Na 14ª, podiam ficar com suas esposas, e, na manhã seguinte, começar a semear. A terra sobre a qual cairiam as sementes era previamente regada com sangue de aves sacrificadas.

A bebida preparada com as sementes torradas tinha uma especial significação funerária: os maias acreditavam que alimentaria o falecido depois da morte. De fato, entre os restos encontrados em diversos túmulos, são comuns os copos utilizados especialmente para beber chocolate. O que mais se apreciava da bebida era sua espuma, por isso a vertiam de uma tigela a outra várias vezes a fim de obtê-la.

Os maias escreveram muitos livros utilizando um sistema de hieróglifos, mas, anteriores à chegada dos espanhóis, só restam quatro. Neles vemos muitas imagens que mostram diversas partes do cacaueiro. Em uma delas, registrada no *Códice de Madri*, observam-se quatro deuses perfurando suas orelhas e deixando cair o sangue sobre frutos de cacau.

As causas do desaparecimento da civilização maia, no ano de 900 d.C., ainda não foram identificadas. Sabe-se que não foram dominados por forças estrangeiras, de modo que as hipóteses que se cogitam são superpopulação, fome, desordens civis e epidemias.

Toltecas e astecas

A partir do ano 900 d.C., os toltecas, e posteriormente os astecas, instalaram-se no território antes ocupado pelos maias. Haviam tido contatos anteriores, visto que ocupavam territórios próximos, o que possibilitou a mútua influência cultural.

Na mitologia asteca, o deus mais importante é Quetzalcóatl, ou Serpente Emplumada, que cumpre uma função

Pás de madeira astecas.

Introdução • 9

Imagem de uma parte do *Códice de Madri*.

similar à de Kukulcán em relação à árvore de cacau: desceu dos céus e deu aos homens a planta que produzia o alimento divino. Quetzalcóatl foi desterrado, mas prometeu que voltaria por onde nasce o sol no ano *ce-acatl* do calendário asteca. Essa lenda teve uma grande repercussão entre os astecas, visto que esse ano corresponde à chegada, também pelo leste, dos espanhóis.

Durante o reinado de Ahuitzotl, entre 1486 e 1502, os astecas ocuparam a costa do Pacífico (Soconusco). Era uma região onde havia grande produção de cacau da mais alta qualidade e dali partiam os mercadores, carregados de grãos, para abastecer a realeza.

Os astecas ainda não tinham as ferramentas necessárias para refinar adequadamente o cacau, por isso, quando a massa de grãos triturados era misturada com água, a pasta ficava depositada no fundo da vasilha formando um sedimento viscoso e grumoso. Para solucionar esse inconveniente, agitavam a mistura com pás de madeira até que a massa ficasse boiando na superfície; essa mistura era chamada de *xocolatl*. Posteriormente, os astecas fabricaram um pequeno moinho para misturar a bebida e produzir maior quantidade de espuma.

Bernal Díaz del Castillo, cronista que viajou com Hernán Cortés, conta que só para abastecer a guarda pessoal de Montezuma preparavam-se diariamente mais de 2.000 tigelas de *xocolatl*, bebida que não só tirava o cansaço e dava energia, como também era considerada um excelente afrodisíaco e uma fonte de cura espiritual.

A chegada dos europeus

Acredita-se que o primeiro europeu que teve conhecimento da existência do cacau

Imagem do deus Quetzalcóalt (à esquerda).

Hernán Cortés com Montezuma. Na imagem abaixo, talvez as típicas moedas de chocolate remetam ao primeiro uso do cacau.

foi Cristóvão Colombo, em sua quarta viagem à América. Estando em frente a Cuba, na costa da ilha da Juventude (batizada pelo descobridor com o nome de La Evangelista e chamada ilha de Pinos até 1995), embarcaram na nau produtos da região; dentre outros, havia sementes de cacau que os nativos utilizavam como moeda e para fazer *xocolatl*.

Os testemunhos mais antigos que denotam a ingestão de cacau pelos europeus devem-se ao citado soldado espanhol Bernal Díaz del Castillo, que em seu livro *Historia verdadera de la conquista de la Nueva España* relata um encontro no palácio do imperador Montezuma no qual se menciona o cacau.

Logo os navegantes dessa expedição descobriram o valor energético dos grãos de cacau, a tal ponto que o próprio Hernán Cortés, em uma de suas cartas a Carlos V, disse: "Uma única xícara fortalece tanto o soldado que ele consegue caminhar o dia todo sem necessidade de ingerir nenhum outro alimento".

Na fazenda destinada a Carlos V que encomendou a Montezuma, mandou plantar 2.000 pés de cacau. Não tanto para consumo, mas, fundamentalmente, para ser usado como dinheiro, porque para os astecas os grãos de cacau eram a moeda corrente. Um coelho podia ser comprado com oito sementes, uma dama de companhia custava dez grãos e um escravo, cem. Portanto, pode-se dizer que no Novo Mundo o dinheiro, literalmente, dava em árvore.

Outro cronista, o frade franciscano Bernardino de Sahagún, que partiu para o México em 1529, em seu livro *Historia general de las cosas de Nueva España* detalha as diversas formas como os comerciantes fraudulentos da região falsificavam os grãos de cacau. Os que estavam estragados, por exemplo, eram cozidos ou torrados sobre cinzas quentes e depois untados com greda para que ficassem com um aspecto melhor. Para que parecessem maiores, eram mergulhados em água. Algumas cascas eram até recheadas com caroços de abacate previamente arredondados, ou simplesmente com barro.

Ilustração com Cristóvão Colombo trocando objetos com os nativos. À direita, cena que mostra como as damas espanholas tomavam chocolate com especiarias em segredo.

Em seu retorno à Espanha, juntamente com muitas outras maravilhas encontradas na América, Cristóvão Colombo entregou aos Reis Católicos sementes de cacau. No entanto, o produto não fez nenhum sucesso, visto que tinha um sabor muito amargo e um aspecto sujo.

Quem realmente introduziu o chocolate na corte espanhola, do modo como era preparado pelos astecas, foi Hernán Cortés no século XVI. Os religiosos que voltavam da América também tiveram influência em sua aceitação, pois mais de um elogiava suas virtudes.

A ÁRVORE DE CACAU

O chocolate é fabricado com as sementes da árvore de cacau ou cacaueiro, cujo nome científico é *Theobroma cacao* L. Carlos Lineu, o naturalista sueco que classificou a planta, batizou-a com a palavra *theobroma*, que em grego significa "alimento dos deuses", respeitando também o nome que recebeu em seu local de origem: *kakawa*.

Não se conhece com exatidão a origem da árvore de cacau. Existem duas teorias: alguns a situam na bacia dos rios Amazonas ou Orinoco. Outros, porém, acham que sua origem é mexicana.

Suas folhas são simples e inteiras, de pecíolo curto e cor variável: marrom-claro, roxo ou avermelhado, ou verde--claro. As flores são pequenas e geradas, assim como os frutos, em cachos sobre o tronco e os galhos de mais de um ano. Têm uma corola branca, amarelada ou rosada e são polinizadas por insetos, especialmente por uma mosquinha do gênero *Forcipomya*. Uma vez que o ovário é fertilizado, passam-se quase seis meses até que surja um fruto maduro.

Embora floresça o ano todo, o cacaueiro tem baixa fertilidade, visto que somente uma de cada quinhentas flores chega a dar fruto: uma baga que, em geral, tem 30cm de comprimento por 10cm de diâmetro, mas sua forma, tamanho e cor podem variar de um exemplar a outro.

Sua pele externa, ou pericarpo, é sulcada por fendas longitudinais, endurece e torna-se coriácea à medida que amadurece. Pode ser vermelha, amarela, roxa ou marrom-escura. Dentro, dividida em cinco receptáculos, a polpa mucilaginosa, aromática e de sabor ácido ou adocicado, envolve as sementes, chamadas favas. As favas têm um sabor geralmente amargo e estão envoltas por uma pele rica em taninos.

O cacaueiro mede entre 6m e 10m de altura e vive cerca de quarenta anos. Aspecto do interior e do exterior de diversas sementes de cacau.

As sementes ou os grãos de cacau são compostos por uma pele que os recobre chamada testa ou tégmen. Dentro dela há um pequeno embrião que vai desenvolver raiz e talo, e dois grandes cotilédones onde ficam armazenadas as substâncias que vão alimentar a planta quando germinar. Dentre outros componentes, há um graxo: a manteiga de cacau, cujo peso é o da metade da semente.

Essa gordura tem uma qualidade especial: derrete a 37°C e aos 32°C endurece completamente. Por isso, o chocolate, que em temperatura ambiente é duro e quebradiço, derrete por completo dentro da boca, onde a temperatura é de pelo menos 37°C.

Introdução • 13

A qualidade de derreter e se solidificar faz do chocolate um produto ideal.

Composição e tipos de cacau

Além da composição descrita no quadro abaixo, os grãos de cacau contêm mais de trezentas substâncias que são extremamente benéficas para a saúde. Dentre elas, cabe destacar a teobromina, princípio ativo dessa espécie que no organismo aumenta a produção de serotonina e dopamina, produzindo um suave efeito estimulante.

Variedades botânicas

São três as principais variedades de cacau: o crioulo ou nativo e o forasteiro, que são naturais, e o trinitário, que surgiu por hibridação. Cada uma delas tem qualidades próprias quanto a sabor, aroma e textura, bem como no que diz respeito à forma de seus frutos e grãos.

Normalmente, na fabricação do chocolate não se utilizam variedades puras. Fazem-se misturas, sendo o cacau forasteiro o mais habitual.

- CACAU CRIOULO OU NATIVO. É o verdadeiro cacau, o que os espanhóis encontraram ao chegar à América. Sua qualidade é excelente e com ele se confeccionam os chocolates mais finos. O chocolate obtido com ele é mais claro e parecido com o chocolate ao leite. Além de seu sabor característico, tem um toque de frutas secas. O interior de seu grão é branco.

Principais componentes dos grãos de cacau

- 54% de manteiga de cacau
- 11,5% de proteínas
- 9% de celulose
- 7,5% de amido e pentose
- 6% de taninos
- 5% de água
- 2,6% de oligoelementos e sais
- 2% de ácidos orgânicos e essências
- 1,2% de teobromina
- 1% de açúcares
- 0,2% de cafeína

- CACAU FORASTEIRO. O interior de seus grãos é púrpura. Para resultar em maior qualidade e sabor, requer uma intensa torra.

- CACAU TRINITÁRIO. É um híbrido originário de Trinidad, onde os espanhóis tinham grandes plantações de cacau crioulo. Mas, no ano de 1727, um furacão devastador assolou a ilha, destruindo praticamente todo o plantio. Depois desse desastre, os agricultores plantaram cacau forasteiro, mas, graças à polinização cruzada com os exemplares de cacau nativo que restavam na ilha, surgiu uma variedade muito apreciada pelos agricultores, visto que combina as excelentes qualidades do primeiro com a robustez do segundo.

Os cotilédones do cacau trinitário vão do quase branco puro ao púrpura, e atualmente há uma tendência a substituir muitas das plantações de cacau crioulo por essa variedade. O trinitário de melhor qualidade é cultivado em Granada, uma pequena ilha do Caribe que em seus poucos 311km² produz cerca de mil toneladas por ano.

Aspecto das diversas cores do cacau segundo sua origem (ver quadro). Da esquerda para a direita, amostras de cacau crioulo ou nativo, forasteiro e trinitário.

Tipo de cacau	Conteúdo em taninos	Produção mundial	Região originária
Cacau crioulo ou nativo	4-8%	10%	Bolívia, Colômbia, Equador, Granada, Guatemala, Honduras, Jamaica, México, Nicarágua, Peru, Venezuela e Caribe.
Cacau forasteiro	10-12%	65%	Alta Amazônia, África (Camarões, Costa do Marfim, Gana, Nigéria, São Tomé e Príncipe), Equador, Ásia e Oceania.

Uma vez colhidos, os frutos são selecionados e deixados de cinco a dez dias em um processo de pré-fermentação, que tem como finalidade aumentar a intensidade do sabor.

Do cultivo ao chocolate

Mesmo nas variedades mais resistentes, o cultivo de cacaueiros implica um grande trabalho. Essa árvore é cultivada em regiões selvagens, onde há uma grande quantidade de animais que gostam de se alimentar da doce polpa de seus frutos, de modo que é necessário resguardá-los dos louros, macacos, esquilos e outros roedores.

A colheita é simples quando se trata de obter os frutos que estão nos galhos mais baixos, pois basta cortar o pedúnculo lenhoso com uma foice ou facão. No entanto, nos galhos altos é preciso trabalhar com cuidado para não machucar as flores nem os frutos que ainda não amadureceram. Para isso, utiliza-se uma lâmina fina, afiada e curva, presa em um longo pau.

Na maioria dos países produtores, são feitas duas colheitas ao ano, mas, nos lugares com estação seca pouco acentuada, a colheita é contínua.

Tratamento dos grãos

Uma vez colhidos, os frutos são abertos com um martelo de madeira, pois um objeto afiado poderia machucar as favas. Os grãos são retirados por meio de um processo que antes era manual, mas hoje é realizado com uma máquina.

As sementes retiradas, que contêm restos de polpa rica em açúcares, são levadas para fermentar. O processo de fermentação é desenvolvido em duas fases: na primeira, a mucilagem que recobre as sementes se transforma em álcool com a ajuda das bactérias do entorno. As favas perdem água e o embrião morre devido ao ácido acético que é gerado. Na segunda etapa, à medida que a umidade diminui, há maior penetração de oxigênio nas favas. O processo completo dura de três a cinco dias. Passado esse período, as favas são lavadas para limpar os restos de mucilagem.

O passo seguinte é a torrefação, que é feita para extrair certa porcentagem de umidade e também para poder descascar facilmente. A casca extraída, rica em pectinas, é consumida como infusão em alguns países, porque tem um leve sabor de chocolate, mas uma ínfima quantidade de gordura.

Uma vez torrados, os grãos são limpos, eliminando-se restos de casca por ventilação e retirando-se o embrião, visto que dá um sabor ruim. A seguir, misturam-se diferentes variedades (normalmente de oito a dez tipos), o que confere ao produto final um sabor típico de cada mistura ou marca. Os grãos são então triturados. A pasta obtida contém de 5% a 60% de gordura (manteiga de cacau) e, pelo calor gerado na trituração, adquire uma consistência viscosa ou líquida.

As favas ficam secando de seis a oito dias e depois são passadas por peneiras vibratórias, nas quais se separa o grão das partículas de pó ou de qualquer outro resíduo.

O passo seguinte consiste em extrair da massa entre 80% e 90% da gordura, ou seja, de manteiga de cacau, mediante prensagem. A manteiga é utilizada para diversos fins, dentre outros a preparação do chocolate branco, que não é chocolate propriamente dito, visto que é feito apenas combinando a gordura com açúcares, aromatizantes e glicose.

A torta de cacau obtida com a prensagem pode seguir dois caminhos: ser triturada até se transformar em pó, que, uma vez filtrado e peneirado, é utilizado na preparação de chocolate quente, bem como de sorvetes ou em confeitaria; ou seguir um processo mais complexo e se transformar em chocolate sólido.

Incorporação do açúcar

Embora não se saiba ao certo quando nem onde se incorporou açúcar ao chocolate, existe unanimidade em afirmar que o fato ocorreu no entorno das ordens religiosas. A mistura é atribuída às monjas de um mosteiro situado em Oaxaca, México; ou às religiosas do Mosteiro de Pedra, em Zaragoza. As duas hipóteses podem ser verdadeiras, visto que os espanhóis cultivaram grandes plantações de cana-de-açúcar na América.

A partir do final do século XVI, foram estabelecidas rotas comerciais entre a América e o Oriente. Os navios que faziam a travessia, conhecidos como naus da China, transportavam todo tipo de produtos, e, dentre eles, chegaram ao México grandes quantidades de canela procedente do Ceilão, que, assim como a baunilha, foi utilizada para temperar o chocolate. Então, já doce e delicioso, o chocolate causou sensação entre as damas espanholas.

Na corte espanhola, o jeito de preparar chocolate próprio dos monges foi mantido como segredo de Estado durante quase um século. Só os frades conheciam o procedimento mediante o qual as sementes do cacau se transformavam em chocolate. Por sua vez, eles gostavam muito de bebê-lo, visto que a Igreja considerava que esse preparado não quebrava o jejum imprescindível para receber a eucaristia.

À esquerda, mosteiro de Oaxaca (México), onde talvez o cacau tenha sido misturado com açúcar pela primeira vez. Açúcar, canela e baunilha transformaram o chocolate em doce.

Transformação da pasta em chocolate

A torta de cacau resultante da prensagem é um produto grosseiro, granuloso e amargo. Para suavizar sua textura, derrete-se e acrescenta-se novamente manteiga de cacau. No caso dos chocolates ao leite, acrescenta-se também leite em pó ou condensado.

O movimento das pás oxigena o chocolate e potencializa seu sabor.

Em ambos os casos, a pasta é amassada para homogeneizar seus ingredientes e batida por pás giratórias em forma de concha, que trituram os grumos.

Esse processo tem extrema importância e dele depende a qualidade final do chocolate, quanto à suavidade e à textura aveludada.

Antes de proceder à fabricação das barras, deixa-se a pasta descansar por um período variável. Se for curto, será mantida em estado líquido; se for longo, será guardada sob refrigeração.

Têmpera e modelagem

Quando o chocolate derretido esfria em temperatura ambiente, lentamente a gordura forma cristais de maior ou menor tamanho e, com isso, a suavidade obtida mediante o processo de batê-lo se perde. Para que isso não aconteça, é necessário submetê-lo a mais um processo: a têmpera. Esse método é utilizado tanto para modelar as barras quanto para fazer bombons, ovos de Páscoa e todas as preparações que incluem chocolate sólido.

A têmpera consiste em derreter o chocolate a uma temperatura que oscila entre 45°C e 50°C, e a seguir esfriá-lo rapidamente a 27°C. Ao solidificar de maneira rápida, a manteiga de cacau não consegue formar cristais grandes.

Quando a apresentação requer chocolate sólido, como é o caso dos bombons, trabalhá-lo a 27°C é difícil, e se aplica calor nele para adquirir a chamada temperatura de trabalho, que oscila entre 29°C e 30°C. Como não chega à temperatura de fusão, os cristais de manteiga se mantêm estáveis.

Nas confeitarias, os mestres chocolateiros esfriam a pasta vertendo-a sobre uma mesa de mármore e mexendo-a com espátulas, mas esse processo também pode ser feito mediante um banho-maria inverso, ou seja, colocando o recipiente com o chocolate derretido em uma vasilha com gelo e batendo constantemente para homogeneizar a mistura.

A temperatura deve ser exata em cada trabalho para evitar grânulos, falta de brilho etc.

O chocolate pode ser apresentado misturado com frutas secas ou especiarias, às vezes de sabor picante.

Porcentagem de cacau

Além dos diversos tipos de cacau determinados pela variedade das plantas, existem diferentes tipos de chocolate, segundo sua composição e a porcentagem de cacau que levam. O fato de uma barra conter mais cacau que outra não significa que seja de qualidade superior. Na verdade, quanto maior a porcentagem de cacau, mais gorduras terá; e quanto menos cacau, mais açúcar. Por isso, um chocolate que leva 45% de cacau tem menos calorias que outro com 85%. No entanto, o chocolate de maior porcentagem de cacau costuma ser degustado sozinho, e, quando a porcentagem de cacau diminui, é que se fazem os chocolates ao leite, recheados ou com frutas secas, o que acrescenta outras gorduras aos açúcares, tornando esse doce hipercalórico.

- Chocolate branco. Não leva pasta de cacau, e sim manteiga de cacau misturada com açúcar e leite. É muito gorduroso e dissolve facilmente na boca.
- Chocolate preto. Deve conter 45% de pasta de cacau, açúcar e leite, mas alguns tabletes têm uma concentração maior de cacau. Dentre as composições mais habituais, podemos mencionar:
  – Chocolate a 50%. É fabricado com partes iguais de açúcar e cacau. Quando derrete na boca, tem um sabor de café e amêndoas torradas, embora não leve esses ingredientes.

Aspecto final e elaboração de chocolate com diversas porcentagens de cacau.

— Chocolate a 70%. É mais forte e ácido que o anterior, e já não tem sabor de café, mas sim de amêndoa torrada.

— Chocolate a 85%. Sua cor é muito escura e seu gosto, ácido e áspero.

- CHOCOLATE AMARGO. Qualquer chocolate preto com mínimo de 60% de cacau.
- CHOCOLATE PRETO DE COBERTURA. É um chocolate fácil de derreter, cujas proporções de cacau podem variar, mas são superiores a 50%.
- CHOCOLATE PRETO SUPERIOR. Tem 43% de cacau e aproximadamente 26% de manteiga de cacau.
- CHOCOLATE AO LEITE SUPERIOR. Composto por 18% de leite e 30% de cacau.
- CHOCOLATE AO LEITE. Tem 14% de matéria graxa láctea, 55% de sacarose e 25% de cacau.
- CHOCOLATE CREMOSO DE BEBER. É chocolate preto, com açúcar, ao qual se acrescenta um pouco de amido para que aumente sua espessura na hora de cozinhar.

Formam-se também cristais na superfície do chocolate quente, ao esfriar na xícara.

A DIFUSÃO DO CHOCOLATE NA EUROPA

Ao longo do século XVII, os métodos de fabricação de chocolate chegaram a diversos países europeus. Em 1606, um comerciante florentino que havia estado no México, Francesco Carletti, levou o cacau para a Itália. Em relação à França, existem duas teorias: uma diz que, em 1615, Ana da Áustria, esposa de Luis XIII e filha de Felipe III da Espanha, foi quem o popularizou na corte. Mas os cortesãos não estavam muito dispostos a aceitar o chocolate, por considerá-lo um produto nocivo e bárbaro. Sua implantação também teve a ajuda da Faculdade de Medicina de Paris, que comunicou que o chocolate nada tinha de nocivo.

Outra difunde que quem o introduziu foi a infanta espanhola Maria Teresa, que, como presente de casamento, transmitiu a Luis XIV os segredos da fabricação da bebida de chocolate.

O chocolate chegou à Alemanha proveniente da Itália no ano de 1646, e foi considerado um remédio. De fato, só era vendido em farmácias e drogarias.

Retrato de Ana da Áustria, que nomeou o chocolate bebida oficial da corte francesa.

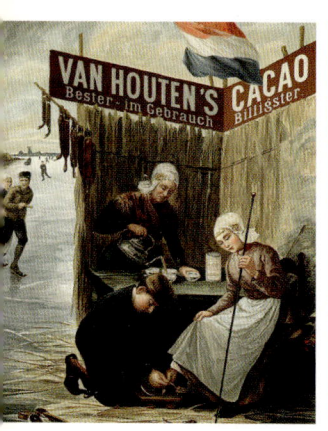

Da esquerda para a direita, cartazes de Van Houten, inventor da prensa de manteiga de cacau, e os primeiros cartazes publicitários de chocolate, dentre eles, de Fry.

No que diz respeito à Inglaterra, no ano de 1657 um cidadão francês residente em Londres abriu uma loja chamada The Coffee Mill and Tobacco Roll (O moinho de café e o rolo de tabaco). Nela vendia chocolate em barra para fazer a bebida. Também foi na Inglaterra que o cacau começou a ser utilizado para fabricar doces. Foi tanta a popularidade obtida por esse alimento que o governo britânico estabeleceu um imposto especial para o chocolate, de modo que só as pessoas ricas podiam consumi-lo.

No ano de 1660, deixou-se de utilizar especiarias para a fabricação do chocolate. Na Espanha, a bebida era preparada aquecendo primeiro ¼ de litro de água com 28g de chocolate e 57g de açúcar. Uma vez aquecida a mistura, batia-se até que começasse a fazer espuma.

No ano de 1746, em um clube londrino de amantes do chocolate, deu-se um passo muito importante para a posterior indústria chocolateira: substituiu-se a água por leite, acrescentando-se, ainda, em algumas ocasiões, vinho e ovos.

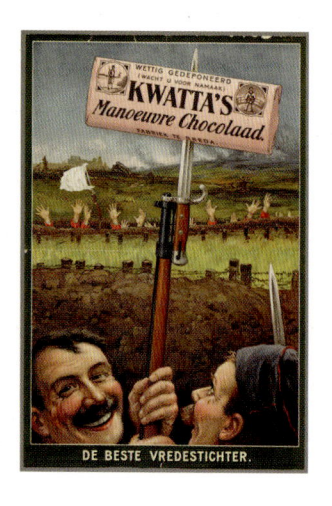

Em meados do século XIX, um suíço chamado Daniel Peter tentou misturar o chocolate com leite a fim de deixá-lo mais cremoso, mas a água contida no chocolate não permitia que se obtivesse uma mistura uniforme. Após experimentar durante oito anos, Peter falou sobre isso com um fabricante de leite evaporado, Henry Nestlé. Este lhe sugeriu misturar o cacau com leite já condensado e adoçado, e os resultados foram excelentes.

Até o ano de 1828, o chocolate era utilizado em forma bruta, ou seja, com a manteiga de cacau incluída, o que lhe dava um sabor muito amargo. Nessa época, um holandês, C. J. Van Houten, inventou uma

Durante a Segunda Guerra Mundial, o chocolate foi utilizado para alimentar os soldados e diminuir a fadiga.

prensa para extrair a manteiga dos grãos. Embora esse procedimento tirasse a acidez, também diminuía a suavidade do produto.

Em 1879, Rodolphe Lindt teve uma ideia brilhante: aproveitar a mesma manteiga de cacau que havia sido extraída e misturá-la ao chocolate a fim de dar ao produto final uma suavidade maior. A textura obtida com esse procedimento é a que hoje conhecemos.

Durante a Segunda Guerra Mundial, o chocolate foi complemento alimentar habitual dos soldados. Finalizada a guerra, esse alimento se popularizou, visto que os soldados que voltavam da frente de batalha continuaram a consumi-lo e o incorporaram a sua dieta familiar cotidiana.

Nascimento da indústria chocolateira

Até meados do século XVIII, o chocolate era produzido de forma artesanal. E essa iguaria adquiriu, em diferentes países, suas próprias características. Com a revolução industrial e a invenção de algumas máquinas, como a prensa para o cacau, o processo de fabricação ficou mais barato e com isso o chocolate pôde ser degustado por uma maior quantidade de pessoas.

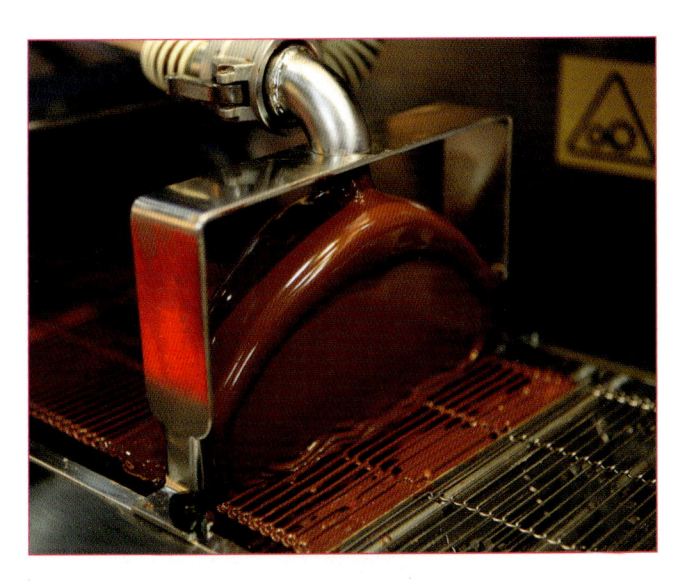

A mecanização popularizou o chocolate entre a população mais pobre.

Inglaterra

A produção chocolateira inglesa teve início graças a quatro famílias quacres: Cadbury, Fry, Rowntree e Terry. Tinham um motivo profundamente religioso: acreditavam que o povo trocaria a genebra e a cerveja pelo chocolate.

Outra característica comum entre elas foi estabelecer nas fábricas condições trabalhistas incomuns na época. Construíram aldeias em volta das fábricas, e a educação e a saúde nesses lugares eram impecáveis e acessíveis a todos os funcionários.

A família Fry, considerada a primeira a fabricar chocolate industrial, abasteceu a Marinha britânica. Durante a guerra dos bôeres, a própria rainha Vitória foi quem recomendou que, no Natal, os soldados fossem presenteados com latas de bombons.

Introdução • 23

O ovo da joalheria Fabergé foi o antecessor do ovo de Páscoa e dos bombons.

Itália

No ano de 1884, o tsar da Rússia encomendou ao célebre joalheiro Fabergé a confecção de um ovo de ouro cheio de pedras preciosas para fazer um presente surpresa. Seguindo esse exemplo, os italianos fizeram um ovo oco, de chocolate, e também puseram presentes nele, criando assim a tradição do ovo de Páscoa.

É mérito dos italianos a invenção dos bombons. Em princípio, eram feitos com a tosca pasta de cacau modelada à mão. Também inventaram os famosos *baci* (beijos): pequenos bombons que trazem uma frase dentro da embalagem de cada um.

A indústria chocolateira italiana centrou-se em duas cidades, Perúgia e Turim, e a produção começou em grande escala no início do século XIX, quando um engenheiro genovês, Bocelli, inventou uma máquina capaz de produzir 300kg de chocolate por dia. As marcas mais importantes foram Caffarel e Baratti & Milano, em Turim; Perugina, em Perúgia; e Majani, em Bologna.

Suíça

A primeira fábrica de chocolate suíço foi aberta por François Cailler no ano de 1819, após ter aprendido em Turim os métodos e truques na fábrica Caffarel. Pouco depois, Philippe Suchard inventou a primeira máquina de misturar chocolate, e, mais tarde, o chocolateiro Daniel Peter utilizou o leite processado por Henry Nestlé para criar o primeiro tablete de chocolate ao leite.

Outro nome que não se pode esquecer ao falar de chocolate suíço é Rodolphe Lindt, que desenvolveu um método para dar uma nova textura e sabor aos tabletes: a homogeneização. Esse procedimento consiste em passar durante várias horas a pasta obtida dos grãos de cacau entre discos de porcelana. Os especialistas afirmam que o chocolate bom, o de melhor qualidade, é aquele que passou por esses discos durante pelo menos 72 horas.

Em 1908, Jean Tobler criou um chocolate cuja forma não era plana, e sim triangular, o hoje famoso Toblerone, com o qual quis representar os Alpes suíços.

Barra da Suchard, referência na Suíça. Nestlé e Toblerone também são dois clássicos do chocolate.

França

O chocolate levou um pouco mais de tempo para ser plenamente aceito na França. As primeiras fábricas se estabeleceram no século XVII e nelas se trabalhava de forma completamente artesanal. Os grãos eram moídos à mão, sobre grandes pedras instaladas no chão, e os funcionários tinham que trabalhar de joelhos. Em 1732, inventou-se uma máquina de mesa para fazer essa tarefa, e com isso a produção aumentou.

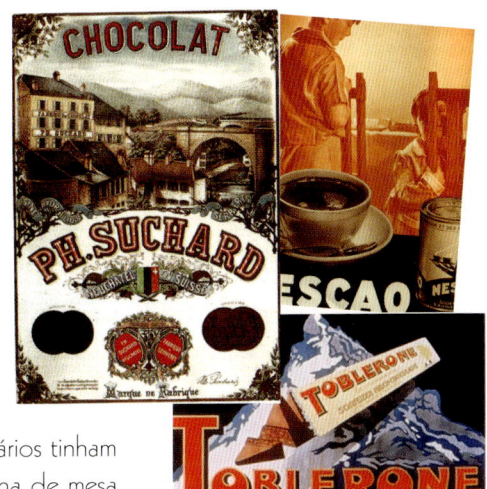

Uma das curiosidades relacionadas com a indústria chocolateira na França é que um farmacêutico chamado Menier, famoso por seus "pós medicinais", teve a ideia de forrar com chocolate os comprimidos e cápsulas que vendia. Seu filho e sucessor, assim como seus descendentes, continuaram fabricando chocolate em grande escala.

Estados Unidos

Apesar da proximidade entre México e Estados Unidos, o chocolate só chegou a este país em meados do século XVIII. A primeira fábrica foi construída por James Baker e John Hannon em Massachusetts, no ano de 1765.

Em 1893, mais de um século depois, aconteceu a Exposição Mundial de Chicago, e a Alemanha expôs no evento uma máquina de fazer chocolate. Um fabricante de balas da Pensilvânia chamado Milton Hershey a viu e intuiu que o produto que saía dela se popularizaria muito facilmente. Dois anos depois, Milton lançou no mercado seu primeiro tablete. Curiosamente, Hershey tinha a mesma visão de negócio que os quacres ingleses. Estabeleceu na Pensilvânia uma cidade-fábrica exemplar, que tinha desde parque de diversões para as crianças até teatro e instalações esportivas. Na mentalidade dos puritanos, o chocolate não se associava ao luxo e à sensualidade, mas sim à saúde. Viram nele um instrumento para melhorar a qualidade de vida da população.

Loja de Milton Hershey, nos Estados Unidos.

Na indústria chocolateira americana, um nome tem significação especial: Ghirardelli. Esse italiano se estabeleceu na Califórnia disposto a abastecer os buscadores de ouro. Certo dia, um de seus funcionários pendurou num gancho um saco com grãos de cacau moídos. No dia seguinte, viu que a base do saco estava úmida e que no chão havia uma mancha de gordura. Era a manteiga de cacau que ficara pingando a noite toda. Ao perder a gordura, o pó que havia no saco podia ser dissolvido em água ou em leite muito facilmente, coisa que até esse momento não se havia conseguido. Isso deu lugar ao *Sweet Ground Chocolate and Cocoa*, de Ghirardelli; o primeiro cacau em pó que ganhou uma extraordinária popularidade.

DEGUSTAÇÃO DE CHOCOLATE

1. PARA FAZER UMA BOA DEGUSTAÇÃO é necessário estar com a boca limpa, portanto, não convém fazê-la depois de consumir café ou outro alimento muito aromatizado. Além disso, o chocolate deve estar em temperatura ambiente.
2. ANÁLISE VISUAL. Um tablete de boa têmpera é brilhante e luminoso, sem grumos nem furos. A cor depende da porcentagem de cacau que tiver; quanto mais cacau, mais escura será.
3. ANÁLISE TÁTIL. Ao tato, a barra deve ser suave. Com o chocolate na boca, pressionando o palato com a língua, é possível sentir sua textura. Deve ser suave, aveludada, nunca granulosa.
4. ANÁLISE AUDITIVA. A barra de chocolate deve se quebrar com um som seco e com um corte limpo.
5. ANÁLISE OLFATIVA. Alguns degustadores esfregam o chocolate com os dedos a fim de aquecê-lo, para que as gorduras derretam e o cacau exale todo seu aroma.
6. ANÁLISE GUSTATIVA. O chocolate tem sabor doce e amargo, mas, degustando-o com atenção, também é possível perceber notas ácidas, torradas, defumadas ou de mofo.

Diversos tipos de trufas e bombons recheados em uma vitrine comercial.

Apresentação de bombons

Há três tipos básicos de bombons, segundo a técnica que se utiliza para fabricá-los:

- Bombons moldados. São trabalhados vertendo o chocolate derretido em uma forma e esvaziando-a a seguir, para que, uma vez seca a camada aderida à forma, possa ser recheada.

- Bombons banhados. São pequenas porções de creme ou fondant, às vezes contidas entre wafers, e banhadas em chocolate derretido.

- Bombons esculpidos. O creme do recheio é moldado com saco de confeiteiro e logo banhado em chocolate.

Bombons mais conhecidos pelo conteúdo

- Crocante. Chocolate com pedaços de amendoim caramelado ou cereais e outras frutas secas.
- Gianduia. Amêndoas, avelãs ou nozes moídas, açúcar e chocolate preto ou ao leite.
- Praliné. Bombom de amendoim ou avelãs envolvido em ganache (chocolate e creme de leite).
- Frutas. Pedaços de frutas banhados em chocolate.
- De cremes e fondants. Recheados com calda que normalmente contém frutas ou seus aromatizantes.
- Cereja. Bombom que contém a fruta ao maraschino e licor de cerejas.
- De licor. Recheados com bebidas alcoólicas, como uísque, conhaque, rum etc.
- Trufas. Pequenas porções de chocolate ou creme de leite cobertas com cacau em pó.

O chocolate tem sido utilizado também como ingrediente de tratamentos de beleza.

O CHOCOLATE E A SAÚDE

Desde que o chocolate chegou à Europa, os benefícios ou as desvantagens que oferece à saúde foram amplamente debatidos. Criaram-se muitos mitos associados à ingestão desse alimento, mas, felizmente, as pesquisas realizadas nos últimos anos mostram que são falsos.

MITOS SOBRE O CHOCOLATE

- **Chocolate provoca acne.** É falso. A acne não está relacionada com nenhum tipo de alimento.
- **Chocolate provoca cáries dentais.** O surgimento das cáries é favorecido pela presença de açúcar na boca. No entanto, quando o chocolate tem uma alta porcentagem de cacau, a de açúcar é muito menor. Além disso, os resíduos podem ser eliminados com uma boa escovação.
- **Chocolate vicia.** O cacau contém quatro substâncias que podem agir positivamente no estado de ânimo: a cafeína e a teobromina são estimulantes; a feniletilamina provoca prazer e a anandamida induz ao relaxamento. Estas duas últimas substâncias são encontradas em proporções tão ínfimas que não causam vício.
- **Chocolate provoca enxaqueca.** Embora certas substâncias contidas no chocolate tenham relação com essa doença, as causas que a provocam são muitas e não se devem apenas a esses elementos.
- **Chocolate causa alergias.** Algumas pessoas certamente são alérgicas a chocolate, mas constituem uma porcentagem mínima da população.
- **Chocolate engorda.** É verdade que é um produto com alto teor de gordura, mas somente sua ingestão exagerada pode fazer aumentar de peso.

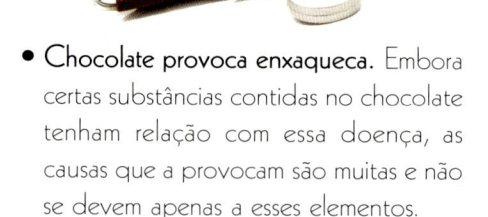

Benefícios do chocolate

- **O chocolate é nutritivo.** Embora contenha poucas proteínas e carboidratos e seja rico em gorduras, também é uma fonte importante de minerais (fósforo, cálcio, magnésio, cobre, potássio, ferro, sódio, iodo e manganês), ácido fólico e vitaminas (A, B, C, D, E, K, B1 e B2).

- **O chocolate melhora a saúde arterial.** Foi comprovado que, após ingerir durante doze semanas 6g de chocolate amargo por dia, a pressão arterial baixa, prevenindo o infarto de miocárdio. Além disso, reduz os coágulos sanguíneos da mesma forma que uma dose baixa de aspirina, graças aos flavonoides que contém.

O efeito calórico do chocolate pode ser combatido com pequenas, mas deliciosas, porções.

- **O chocolate melhora o ânimo e reduz o estresse.** Algumas substâncias do cacau têm um efeito significativo sobre o sistema nervoso central, valendo a pena citar o leve efeito antidepressivo. Por conta da sensação de bem-estar, prazer e felicidade, o cacau ajuda a reduzir o estresse em épocas de trabalho excessivo ou de provas.

- **Ajuda a combater a fadiga crônica.** Segundo um estudo da Escola de Medicina Hull York, o chocolate amargo reduz os sintomas de encefalomielite miálgica.

Não existe modo mais saudável e barato para ser feliz do que comer um pouco de chocolate. Agora, vamos ver como prepará-lo em taças, tortas, sorvetes, doces, bombons ou biscoitos.

Chocolate com frutas

Uma mistura que apaixona por conta do contraste doce, amargo e ácido. Um universo inteiro de sabores, que vai transformar cada receita em uma explosão apetitosa para os comensais e amantes do chocolate.

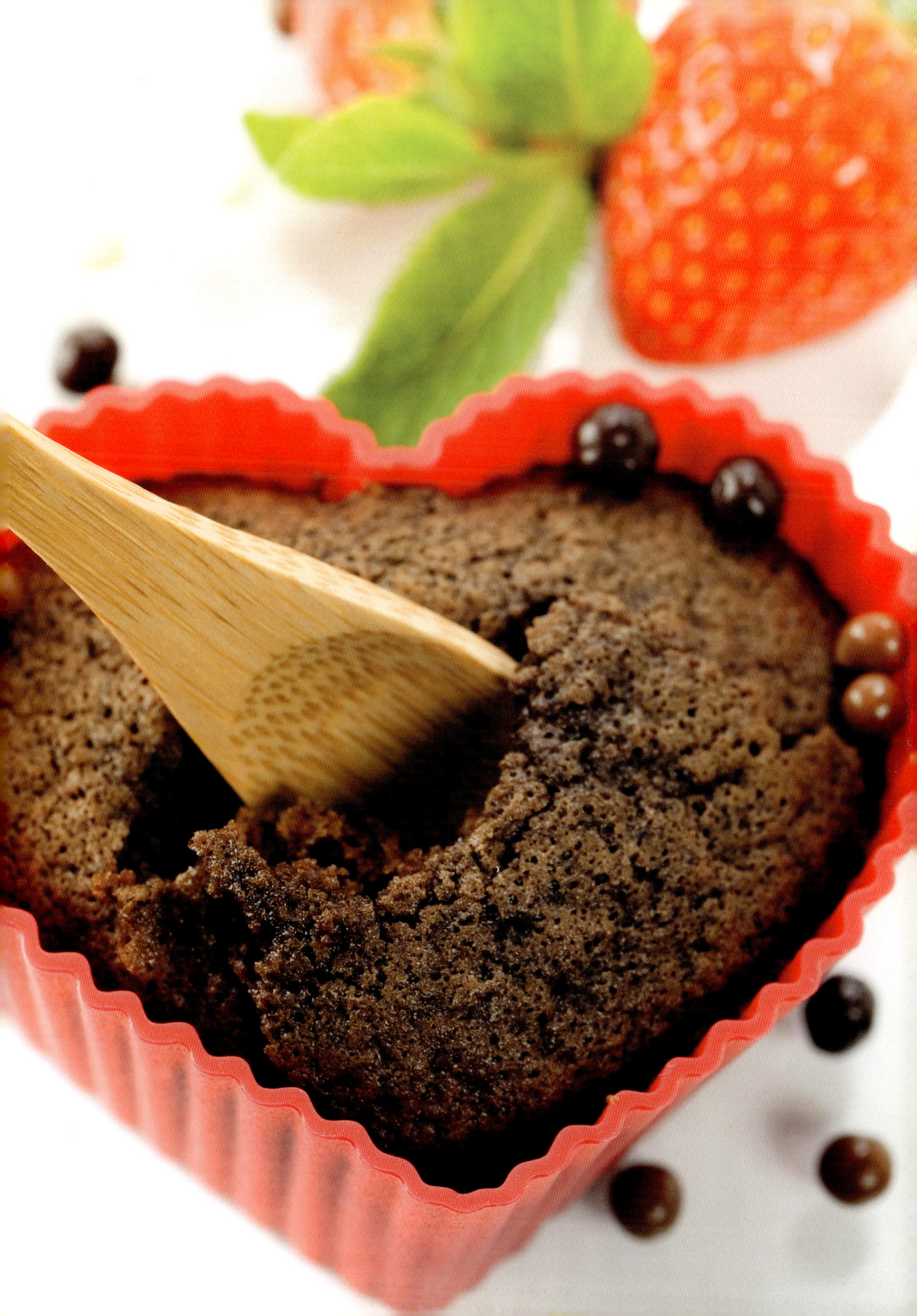

Bolinho com framboesas

Porções: 10 • Tempo de preparo: 1 hora • Dificuldade: média

INGREDIENTES
3 ovos
300g de farinha de trigo
150g de açúcar
100g de manteiga, mais um pouco para untar a forma
1 copo de leite
100g de cacau em pó
1 pitada de sal
1 envelope de fermento em pó (10g)
1 tablete de chocolate 100% de cacau
100g de framboesas
Calda de morango (opcional)

UTENSÍLIOS
1 tigela
1 batedor manual
10 forminhas individuais para forno
1 panela grande e outra pequena para o banho-maria
1 colher de pau

Preaquecer o forno quando começar a cozinhar.

Em uma tigela grande, misturar bem todos os ingredientes, começando pela farinha, os ovos e a manteiga. Depois, juntar o restante, menos o chocolate e as framboesas.

Untar as forminhas com um pouco de manteiga e despejar nelas a mistura.

Assar os bolinhos por 30 minutos a 150°C. Retirar do forno, deixar esfriar e desenformar.

Levar o chocolate ao fogo em banho-maria e, uma vez derretido, banhar com ele os bolinhos. Por fim, decorar com as framboesas e, opcionalmente, com um pouco de calda de morango.

DICA...
Pode-se utilizar também qualquer outro tipo de fruta silvestre, como amoras, groselhas, mirtilos etc., misturando-as artisticamente ou escolhendo um tipo para cada forminha.

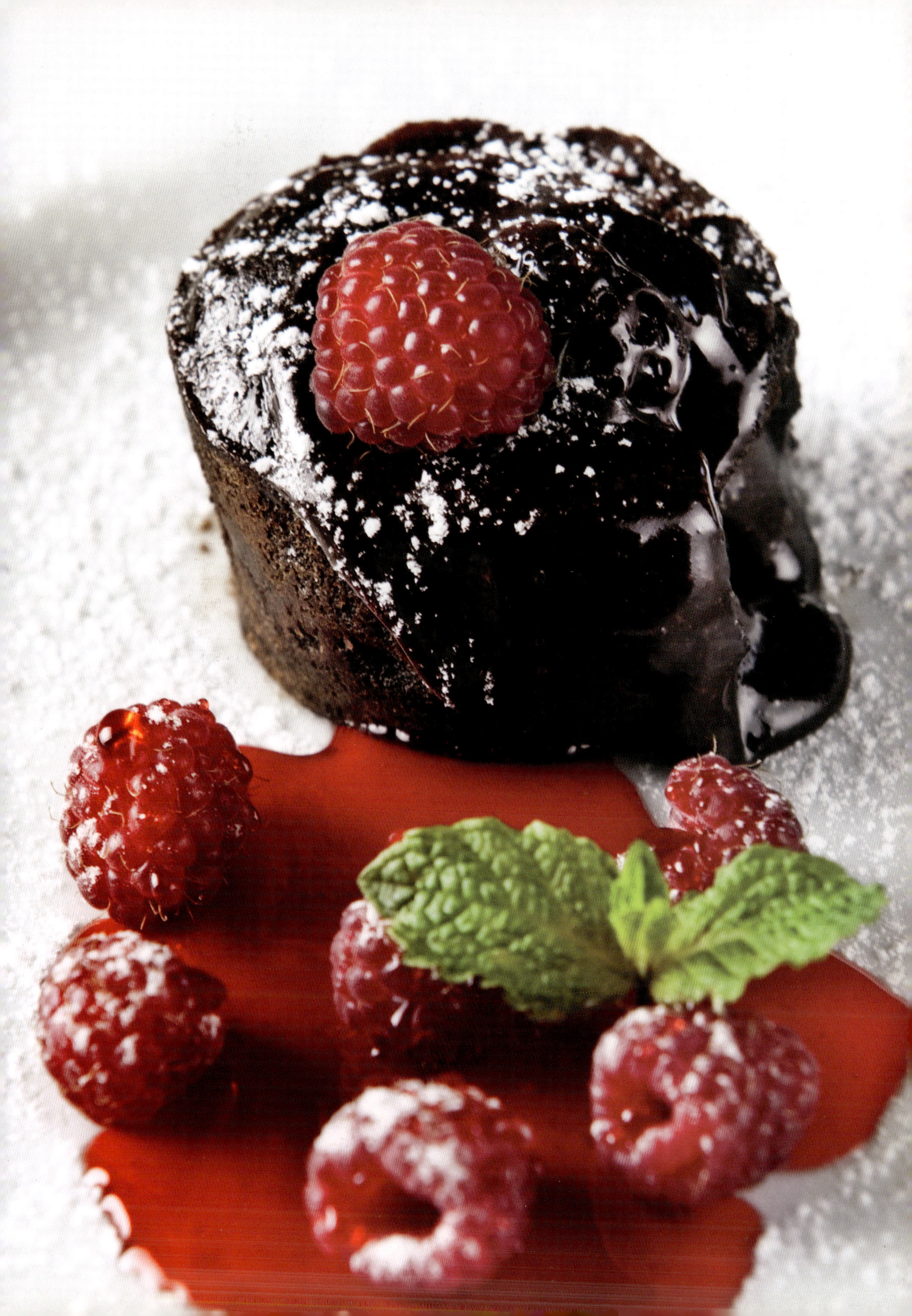

Bolo com pêssego

Porções: 8 • Tempo de preparo: 40 minutos • Dificuldade: baixa

INGREDIENTES
200g de manteiga
200g de açúcar
2 ovos
250g de farinha de trigo
250g de cacau em pó
1 colher (chá) de fermento em pó
Manteiga para untar a forma do bolo
2 pêssegos

PARA A DECORAÇÃO (OPCIONAL)
Geleia de pêssego ou pessegada
Calda de chocolate

UTENSÍLIOS
1 tigela
1 forma de bolo (melhor retangular)
1 batedor manual ou colher de pau

Bater a manteiga com o açúcar até que a mistura fique espumosa. Acrescentar os ovos, bater bem novamente e a seguir acrescentar a farinha previamente misturada com o cacau e o fermento.

Quando a mistura estiver homogênea, vertê-la em uma forma previamente untada com manteiga.

Distribuir sobre a massa os pêssegos cortados em pedaços pequenos (não importa que afundem um pouco).

Assar por aproximadamente 30 minutos, a 180°C.

Este bolo pode ser decorado com um pouco de geleia, ou simplesmente com calda de chocolate.

DICA...
Não é necessário descascar os pêssegos. Lavá-los muito bem já é suficiente. Também é possível utilizar outras frutas, qualquer uma delas daria um sabor requintado. Mas é melhor utilizar as que tenham mais polpa e menos suco, e evitar as cítricas.

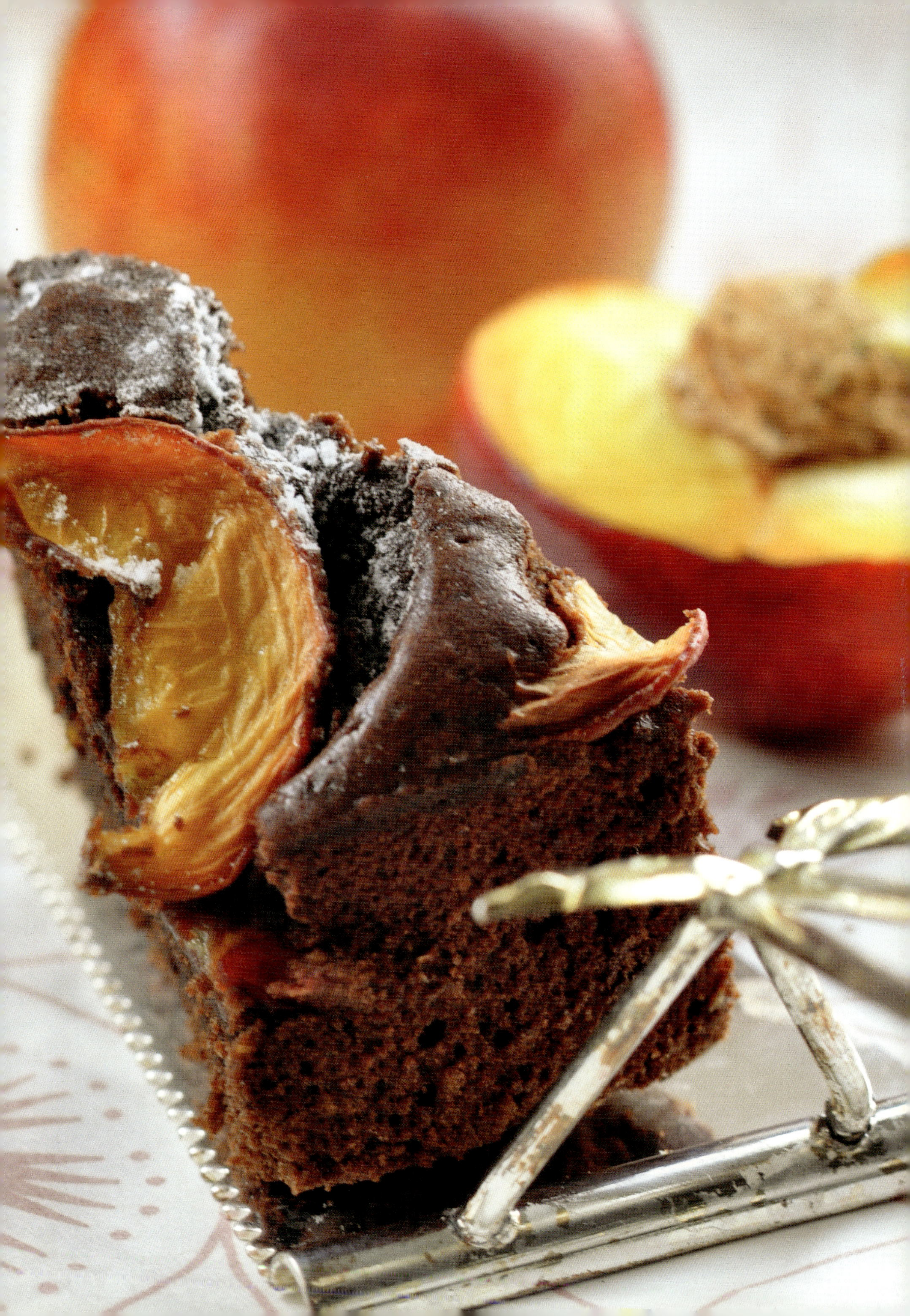

Ingredientes

250g de farinha de trigo
200g de manteiga
200g de açúcar
250g de chocolate 100% de cacau
¼ xícara de leite
2 ovos
Fermento em pó (+/- 75g)

Para o recheio

¼ litro de creme de leite para chantili
150g de açúcar
150g de cacau em pó
Frutas (5 bananas, 6 kiwis e 6 morangos)
Calda de caramelo

Utensílios

1 forma redonda
2 tigelas
1 panela
1 batedor manual
1 colher
1 faca
1 pincel de cozinha

Untar com manteiga a forma redonda e polvilhar com farinha de trigo. Em uma tigela, bater a manteiga com o açúcar até obter uma mistura espumosa.

Derreter o chocolate com o leite e acrescentar à mistura anterior. Acrescentar também as duas gemas de ovo e a farinha já misturada com o fermento.

Bater as claras em neve e juntar à massa, mexendo suavemente com uma colher, para que fique porosa.

Despejar o preparado na forma e assar por 30 minutos a 180°C.

Para o recheio

Bater o creme de leite com o açúcar e, quando triplicar de volume, acrescentar o cacau. Abrir o bolo ao meio, colocar as bananas e rechear com o chocolate. Espalhar por cima os kiwis e os morangos. Pincelar a superfície com calda.

Dica...

Pode-se substituir a calda por uma geleia de qualquer uma das frutas que compõem a receita, desde que seja em pequena quantidade, porque esse tipo de geleia doce costuma se apoderar do sabor do prato.

Bolo exótico

Porções: 8-10 • Tempo de preparo: 1 hora • Dificuldade: média

Bolinho de chocolate e framboesas

Porções: 8 • Tempo de preparo: 30 minutos para a elaboração e 4 horas de freezer • Dificuldade: baixa

Ingredientes

Para a base
150g de biscoitos de chocolate
25g de manteiga

Para o recheio
170g de leite condensado
225g de chocolate 70% de cacau
142ml de creme de leite

Para a decoração
225g de framboesas
Cacau em pó
Folhas de hortelã

Utensílios
1 forma redonda
2 tigelas
Batedeira

Amassar os biscoitos até que fiquem esfarelados. Derreter a manteiga e misturar com os biscoitos esfarelados. Forrar a base da forma com essa mistura, pressionando com a ponta dos dedos. Reservar na geladeira.

Cozinhar o leite condensado e o chocolate no micro-ondas por 2 minutos, até que o chocolate derreta. Bater com a batedeira até obter uma mistura uniforme; deixar esfriar.

Uma vez fria, acrescentar o creme de leite, bater de novo e despejar sobre a base de biscoito que estava reservada.

Colocar as framboesas por cima e manter no freezer durante 4 horas. Antes de servir, pode-se decorar com framboesas e folhinhas de hortelã, ou polvilhar cacau em pó.

Dica...

O bolo não deve ficar muito congelado, senão perde o sabor. Deve-se tirá-lo do freezer um pouco antes de servir. O cacau em pó pode ser substituído por açúcar de confeiteiro.

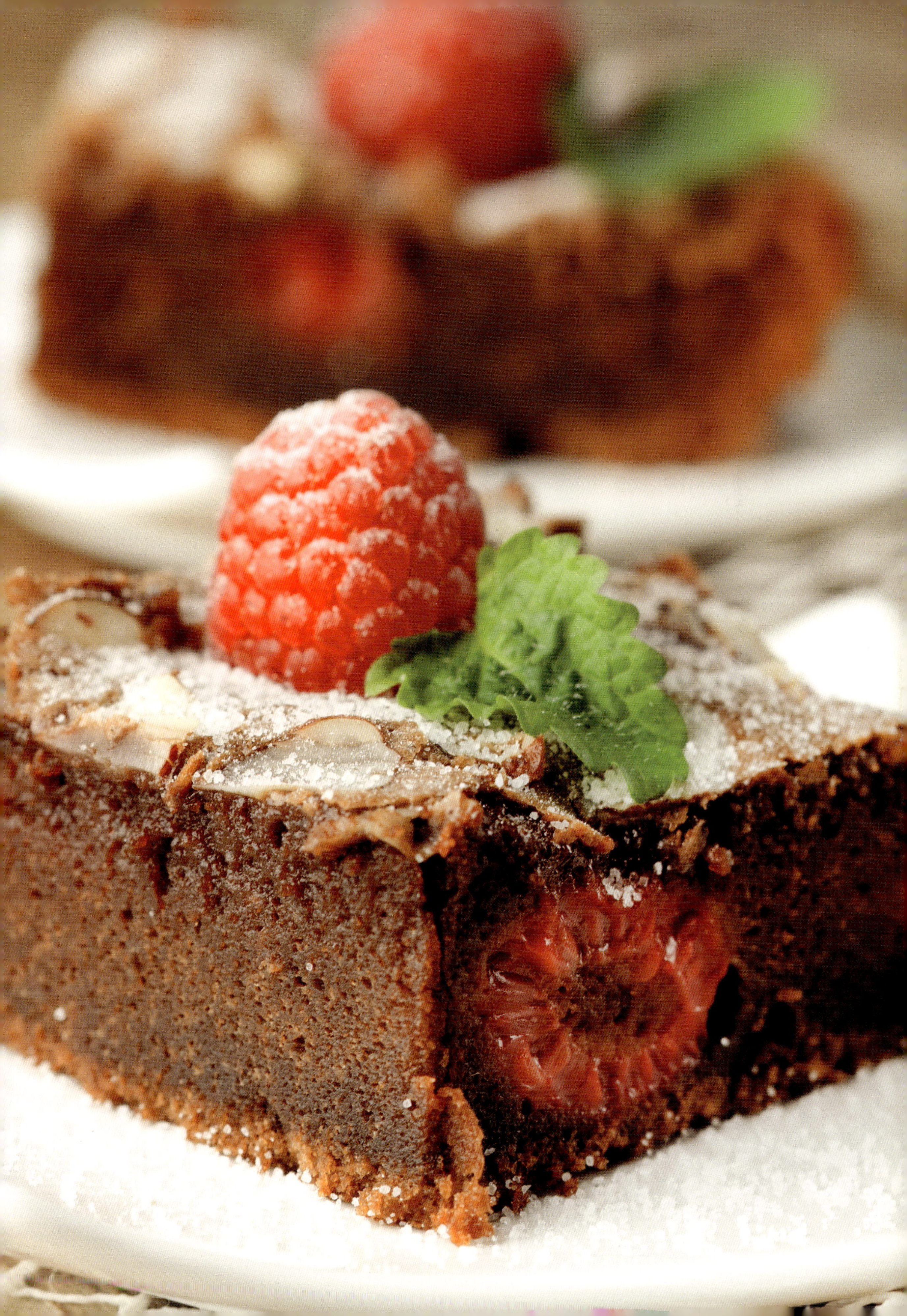

Ingredientes

Para a massa
3 ovos
100g de açúcar
1 limão
100g de farinha de trigo
1 colher (sopa) de fermento
Manteiga para untar

Para o recheio
½ litro de creme de leite fresco
200g de açúcar
50g de cacau em pó
Geleia de laranja
1 laranja

Utensílios
Colheres de pau
3 tigelas
1 batedor manual
Papel vegetal
1 pano de prato
1 faca

Com uma colher, trabalhar bem as gemas de ovo junto com o açúcar até obter uma massa porosa.

Acrescentar as raspas da casca de um limão e a farinha previamente misturada com o fermento; mexer. Juntar as claras de ovo batidas em neve, misturando com suavidade.

Forrar a assadeira com papel vegetal bem untado com manteiga e espalhar sobre ele a mistura, deixando-a fina. Assar a 180°C por 10 minutos. Quando estiver pronta, desenformar sobre o pano de prato e tirar o papel com cuidado. Depois, cobrir para que não resseque.

Para o recheio

Dividir o creme de leite em duas tigelas e bater cada um com a metade do açúcar. Quando triplicar de volume, acrescentar o cacau a uma delas e misturar bem.

Espalhar esses cremes pela massa, metade a metade, e enrolar. Depois, banhar a parte superior com a geleia. Cortar a laranja em pedacinhos e enfeitar o rocambole com eles.

Dica...

Para banhar tortas e bolos com produtos densos como geleia, o jeito mais fácil é utilizar um pincel.

Rocambole com laranja

Porções: 8 • Tempo de preparo: 2 horas • Dificuldade: média

Fondue de chocolate com frutas exóticas

Porções: 2 • Tempo de preparo: 40 minutos • Dificuldade: muito baixa

Ingredientes
2 litros de creme de leite
300g de chocolate 50% de cacau
250g de leite condensado
10g de raspas de laranja
500ml de licor de laranja

Para mergulhar
Frutas frescas variadas, a gosto. É costume usar morango, cereja, abacaxi, maçã e pera, mas o kiwi, por exemplo, dá muita cor.

Utensílios
1 panela
1 tigela específica para fondue

Colocar o creme de leite em uma panela e aquecer em fogo muito baixo, evitando chegar ao ponto de ebulição.

Picar o chocolate e acrescentar à panela mexendo de maneira suave até que fique completamente derretido.

A seguir, acrescentar o leite condensado, as raspas de laranja e o licor, e mexer até obter um creme homogêneo e claro.

Retirar a panela do fogo e passar a mistura para uma tigela adequada para servir uma fondue à mesa. Em uma tigela à parte, servir as frutas inteiras (se forem pequenas, como os morangos) ou picadas (pera, maçã etc.).

Dica...

Além de frutas frescas, como morango, kiwi, banana, maçã, laranja etc., para banhar no chocolate, é uma boa ideia fazer uma fondue de chocolate original, com frutas secas. Também podem-se servir bolos, biscoitos e todo tipo de massas doces, como croissants, pãezinhos doces ou merengues, cortados em cubinhos (da medida de uma mordida) ou intercalados em um espetinho.

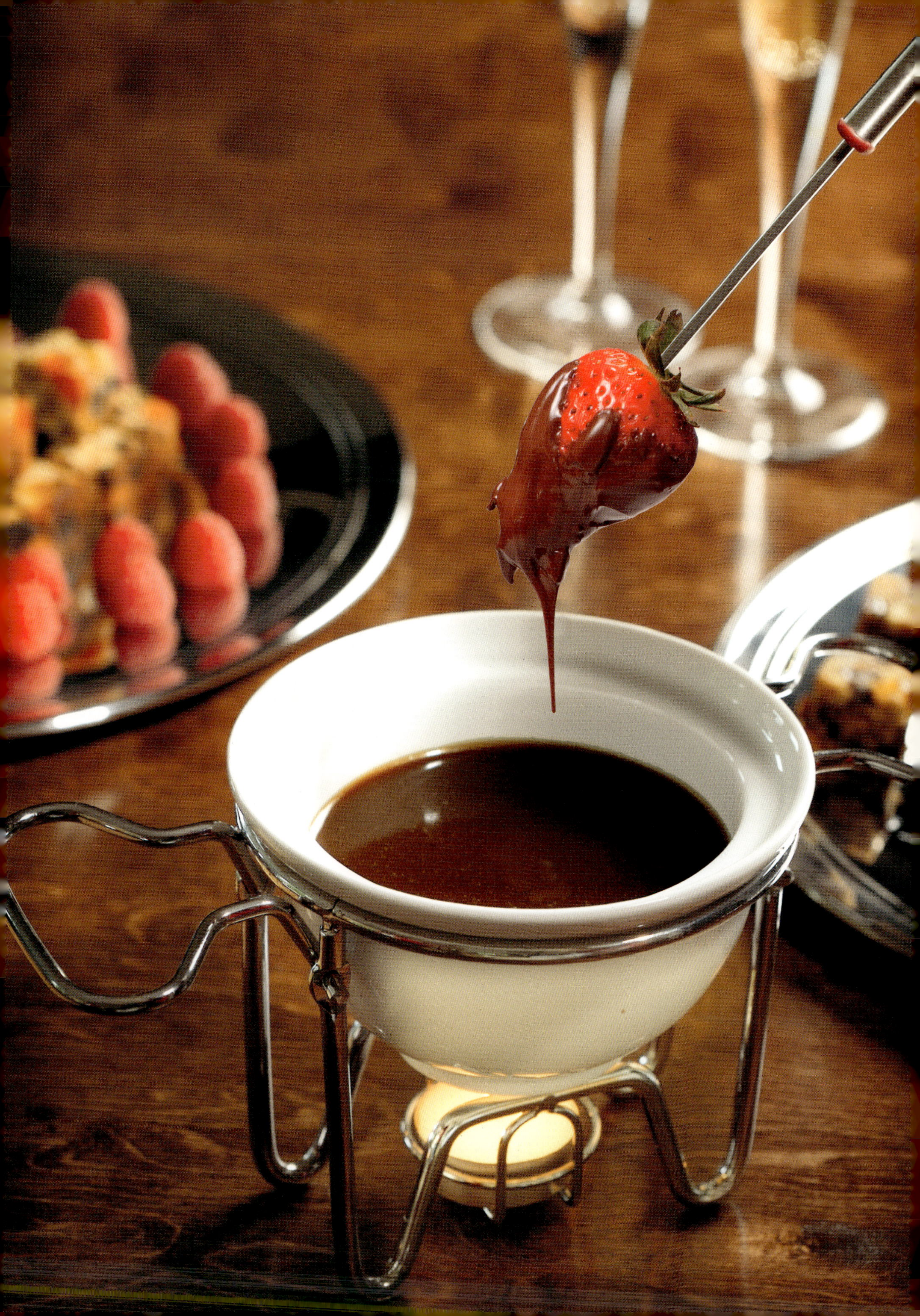

Cítricos variados com coroa de chocolate

Porções: 4 • Tempo de preparo: 30 minutos • Dificuldade: muito baixa

INGREDIENTES
2 toranjas
2 laranjas
4 kiwis verdes
3 mexericas (opcional)
4 kiwis amarelos (opcional)
Frutas secas (opcional)
200g de chocolate cobertura 100% de cacau

UTENSÍLIOS
1 faca
1 panela e 1 vasilha refratária para o banho-maria
1 colher
1 travessa
1 saco de confeiteiro com bico médio

Descascar todas as frutas com uma faca, exceto a toranja, que convém descascar com a mão para deixar os gomos inteiros, sem os machucar. Para dar variedade à apresentação, a toranja irá em gomos e a laranja, cortada em rodelas.

Fatiar a laranja e o kiwi, tirando vantagem de seu colorido interno.

Levar o chocolate ao fogo em banho-maria, mexendo de vez em quando. Quando estiver derretido, verter com cuidado no saco de confeiteiro.

Banhar as frutas traçando com o saco de confeiteiro os desenhos que desejar. Podem ser caminhos de chocolate ou pequenos grumos.

DICA...

Se você tiver uma boa mão para cozinha, esta receita pode lhe render uma excelente apresentação e é muito original. Podem-se utilizar outras frutas, como mexerica, ou misturar kiwis verdes com kiwis amarelos para embelezar o resultado. As frutas secas podem ser uma alternativa menos convencional.

• Chocolate com frutas

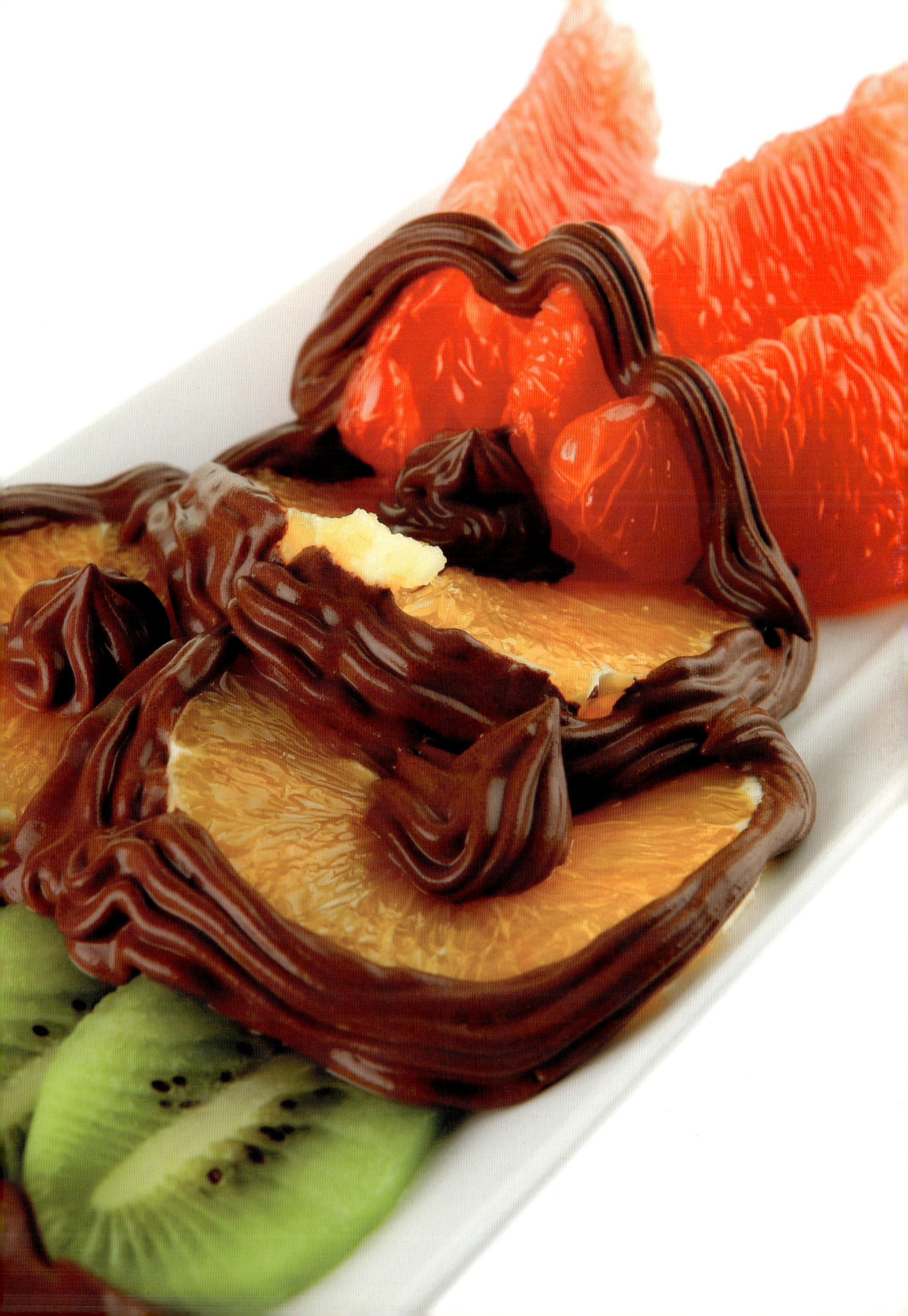

Delícia de kiwi

Porções: 4 • Tempo de preparo: 30 minutos • Dificuldade: baixa

INGREDIENTES
5 kiwis
1 folha de gelatina sem sabor
Água
1 barra de chocolate branco
Triângulos de chocolate branco
   (opcional)

UTENSÍLIOS
1 faca
1 tigela
Liquidificador
1 panela
Papel vegetal
1 colher

Descascar os kiwis e reservar. Enquanto isso, colocar de molho na água uma folha de gelatina, para amolecer. Bater apenas um kiwi no liquidificador.

Pôr o kiwi batido em uma panela, em fogo baixo, e acrescentar a gelatina previamente amolecida. Cozinhar até obter a densidade desejada, retirar do fogo e manter aquecido para que não solidifique.

Cortar os 4 kiwis e colocar cada um em uma tigelinha de gelatina, de modo que se mantenham em pé. Com uma colher, banhar os kiwis, um a um, com a gelatina reservada. Levar à geladeira para que endureça.

Derreter o chocolate e vertê-lo sobre o papel vegetal. Antes que termine de solidificar, cortar em triângulos e, quando estiverem sólidos e bem formados, arrumar nas laterais dos kiwis.

DICA...

A gelatina sem sabor é muito utilizada em confeitaria. No supermercado, pode ser encontrada em folhas e em pó. Também é possível simplificar ao máximo esta receita comprando os triângulos de chocolate já prontos em lojas especializadas.

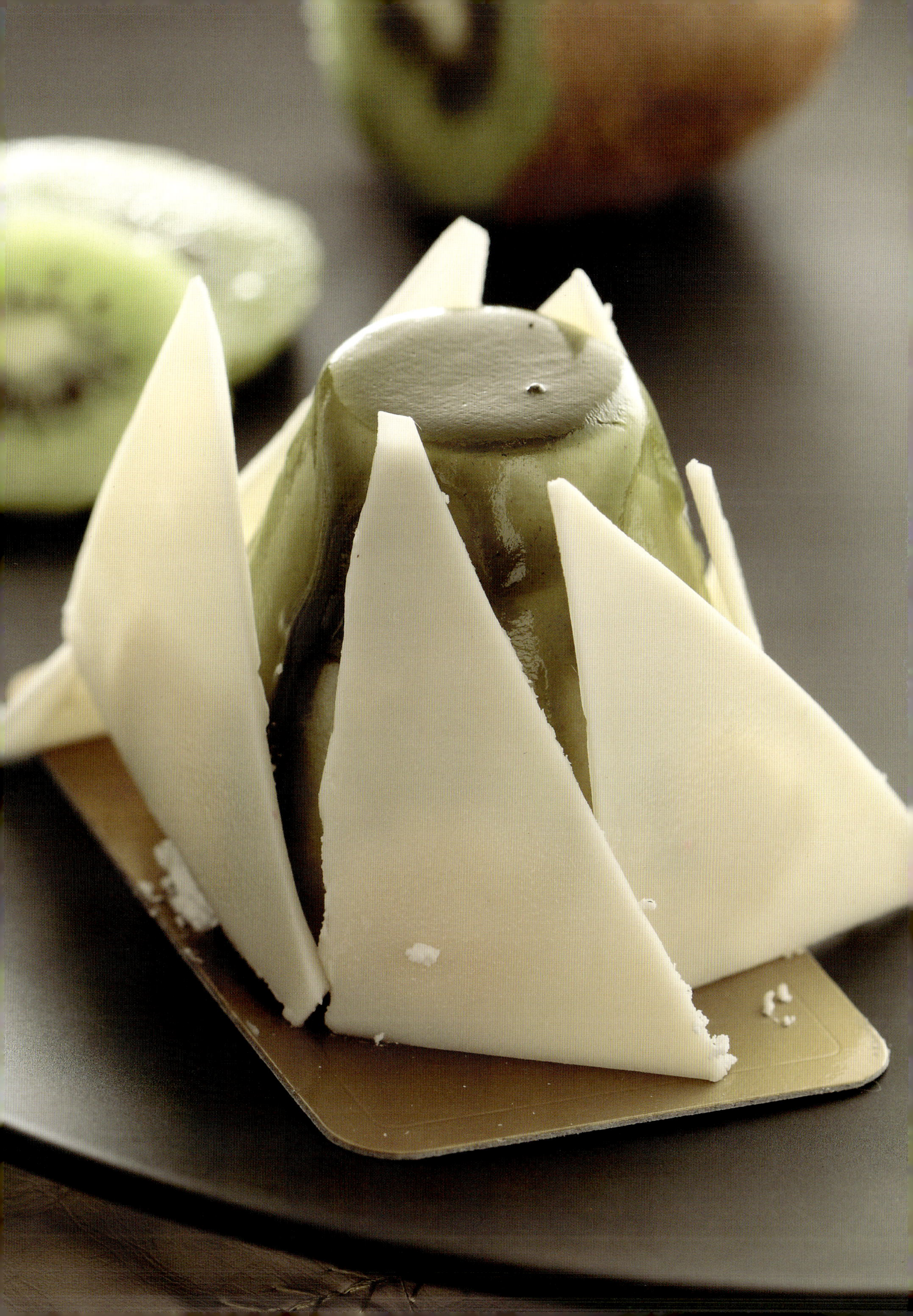

Delícias de chocolate com figos

Porções: 8 • Tempo de preparo: 1 hora • Dificuldade: média

INGREDIENTES

150g de chocolate 100% de cacau
1 colher (sopa) de farinha de trigo
½ litro de creme de leite fresco
6 ovos
1 envelope de fermento em pó (10g)
100g de açúcar
½ kg de figo
Manteiga para untar a forma
100g de cacau em pó

UTENSÍLIOS

1 panela e 1 vasilha refratária para o banho-maria
1 colher de pau
1 forma de bolo redonda
1 batedor manual
2 tigelas

Derreter ¾ do chocolate em banho-maria.

Colocar uma colher de farinha de trigo em uma tigela; acrescentar a metade do creme de leite fresco e os ovos e bater bem até que a mistura fique homogênea. Juntar o fermento.

Acrescentar o açúcar (reservando um pouco) e os figos, sem casca e moídos. Quando formar uma pasta cremosa, misturar com o chocolate e despejar em uma forma redonda previamente untada com manteiga.

Assar por 15 ou 20 minutos a 180°C.

Enquanto isso, bater o resto do creme de leite com o açúcar reservado, até que triplique de volume. Acrescentar o cacau em pó e reservar na geladeira. Depois, cortar o bolo em duas ou três camadas e rechear com o creme.

DICA...

Se quiser fazer uma decoração mais elaborada, pode-se polvilhar o bolo com açúcar de confeiteiro ou pôr calda de morango em uma bisnaga e traçar desenhos com ela.

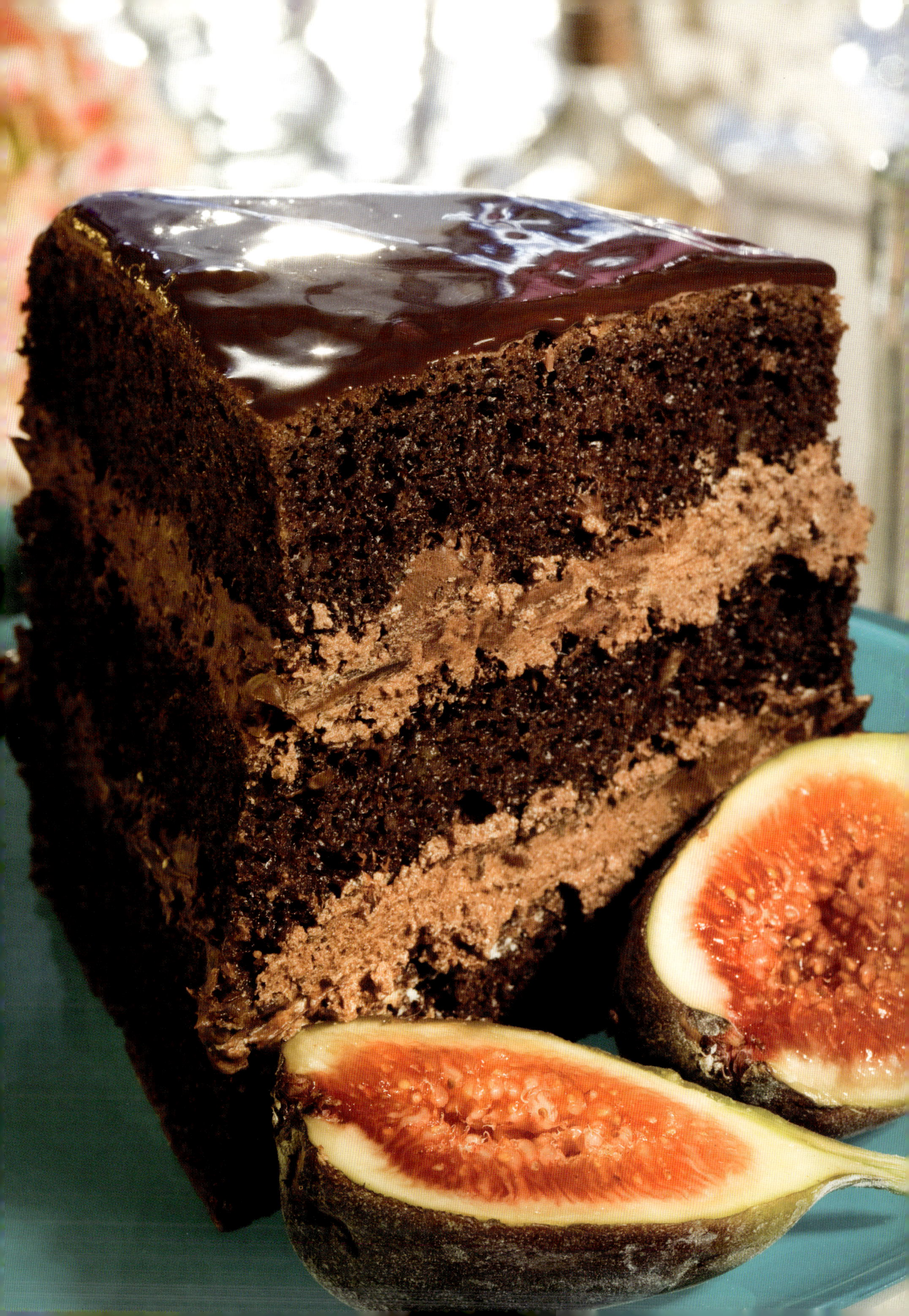

Morangos banhados de smoking

Porções: 12 • Tempo de preparo: 30 minutos • Dificuldade: baixa

INGREDIENTES
12 morangos grandes
Chocolate cobertura branco
Chocolate cobertura 100% de cacau
12 biscoitos (dar preferência a cookies ou biscoitos com pedacinhos de frutas, integrais)
Panquecas (opcional)

UTENSÍLIOS
2 panelas
2 colheres de pau
1 grade
Papel vegetal

Lavar bem os morangos e, a seguir, derreter o chocolate branco em uma das panelas, em fogo baixo, mexendo um pouco. Uma vez derretido, banhar os morangos com cuidado até cobrir ¾; colocar sobre uma grade para secar.

Quando o chocolate branco estiver seco, derreter o preto na outra panela e seguir o mesmo procedimento, de forma que o chocolate preto fique por cima do branco, como se fosse um paletó.

Para fabricar botõezinhos e laços, fazer um canudinho com papel vegetal, rechear de chocolate derretido e utilizar como saco de confeiteiro, desenhando as formas sobre outro papel vegetal. Quando as figuras estiverem secas, colocar sobre os biscoitos.

DICA...

Pode-se fazer uma apresentação diferente, colocando os morangos banhados sobre panquecas americanas ou crepes, em vez de biscoitos.

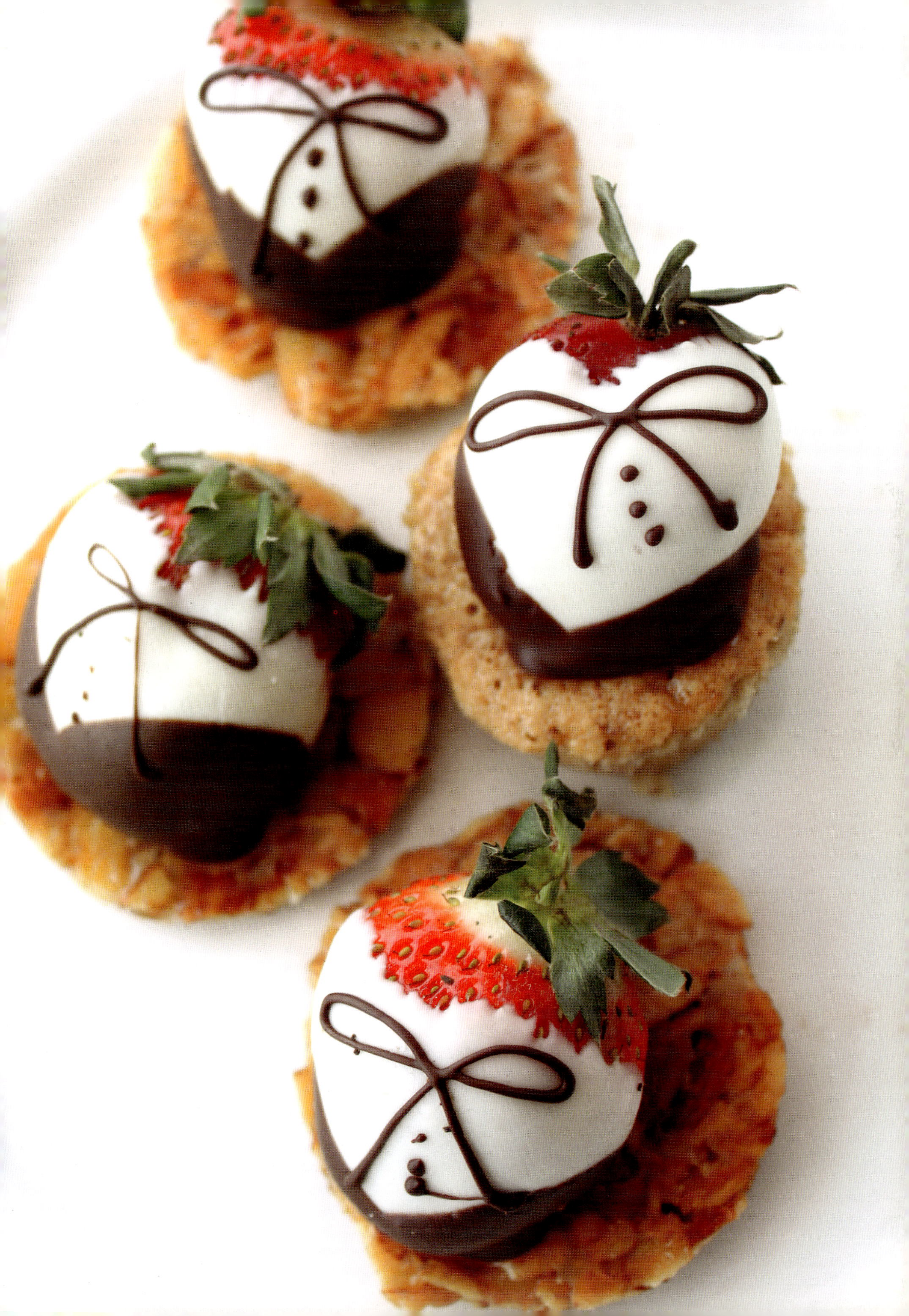

Maçãs banhadas com frutas secas

Porções: 4 • Tempo de preparo: 20 minutos • Dificuldade: muito baixa

Ingredientes
4 maçãs
75g de chocolate cobertura 100% de cacau
75g de leite condensado
50g de nozes
50g de amêndoas laminadas (opcional)
50g de passas ou figos secos (opcional)

Utensílios
1 tira-miolo de frutas ou 1 faca
1 panela e 1 vasilha refratária para o banho-maria
1 travessa
1 panela

Lavar bem as maçãs e retirar as sementes com um tira-miolo. Se não dispuser desse utensílio peculiar, usar uma faca de ponta bem afiada. Fincar a ponta e fazer um corte circular para tirar o miolo.

Derreter o chocolate cobertura em banho-maria. Depois, despejar junto com o leite condensado por cima das maçãs.

Antes que o chocolate endureça, espalhar as nozes picadas sobre as maçãs.

Dica...

Esta sobremesa também pode ser acompanhada de outras frutas secas, como figos, lascas de amêndoas ou uvas-passas. Podem-se juntar frutas frescas pequenas também.

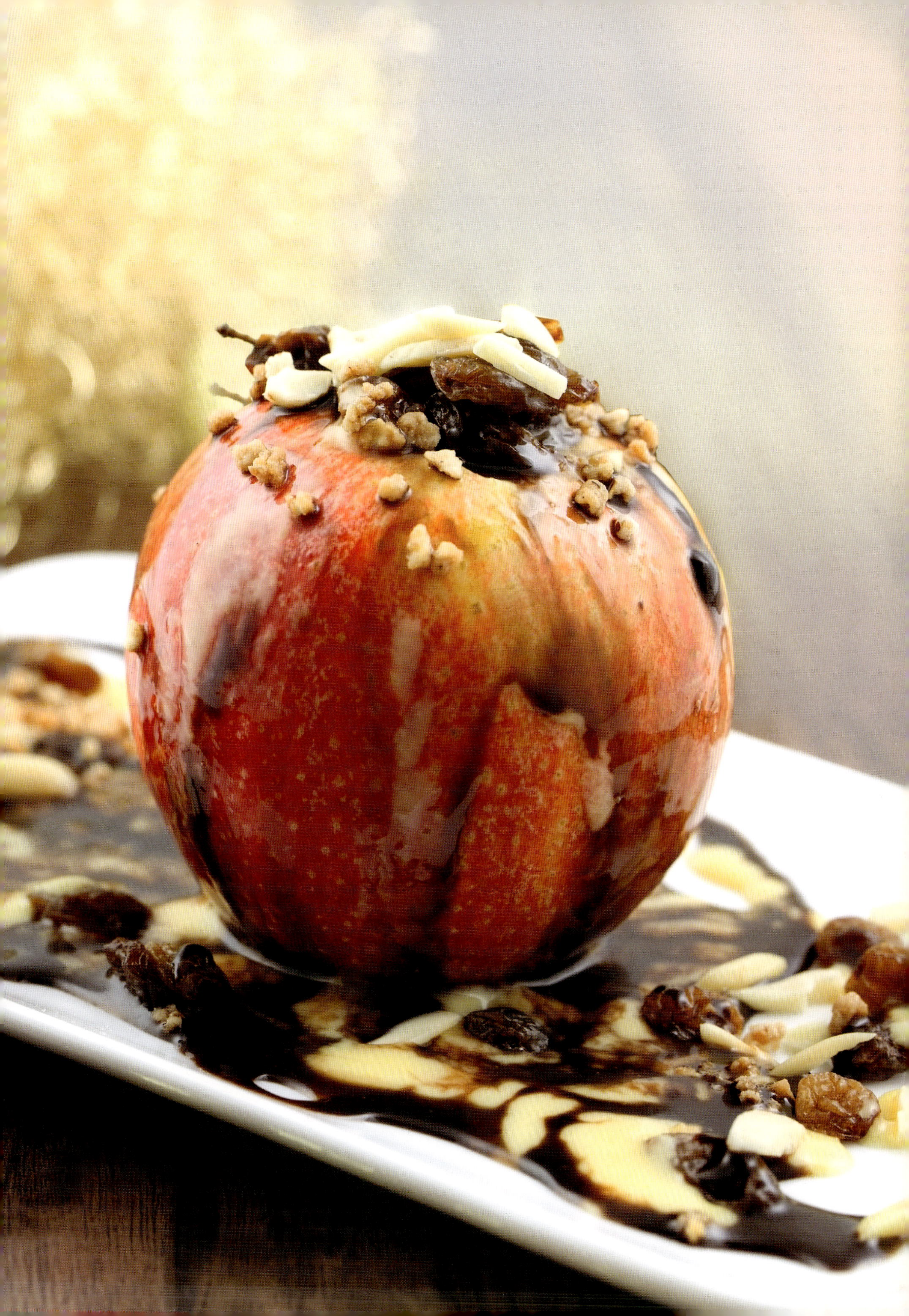

Peras com amêndoas e chocolate

Porções: 10 • Tempo de preparo: 30 minutos • Dificuldade: baixa

INGREDIENTES
100g de chocolate cobertura 100% de cacau
1 copo de água
10 peras
Amêndoas fatiadas
10 maçãs (opcional)
Frutas secas a gosto (opcional)
Folhinhas de hortelã para decorar (opcional)

UTENSÍLIOS
1 panela
Colheres de pau
1 bisnaga de culinária
1 faca

Colocar em uma panela o chocolate com a água e deixar derreter, mexendo de vez em quando.

Quando derreter, misturar bem os dois componentes e vertê-los em uma bisnaga de culinária.

Se a mistura ficar muito líquida, acrescentar um pouco mais de chocolate cobertura enquanto estiver na panela.

Descascar as peras e regar com a calda de chocolate da bisnaga.

Finalmente, decorar com amêndoas fatiadas e guardar na geladeira até a hora de servir.

DICA...

Pode-se substituir as peras por maçãs e o resultado será muito parecido. Também é possível utilizar, com ou sem as amêndoas fatiadas, outras frutas secas como decoração. Se colocar uma folhinha de hortelã ao lado do cabinho da pera, o resultado será bastante agradável.

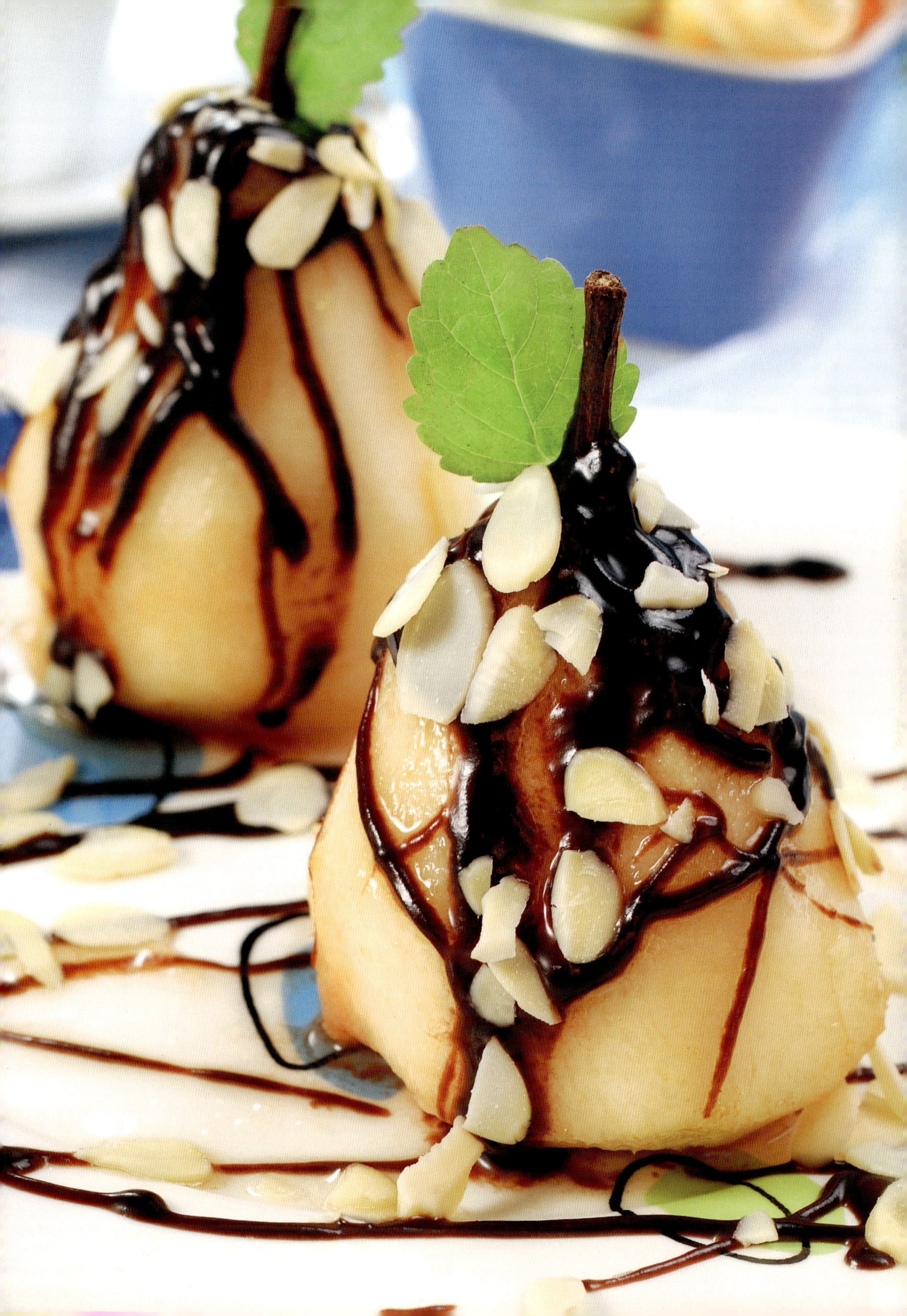

Peras com chocolate e gergelim

Porções: 4 • Tempo de preparo: 30 minutos • Dificuldade: baixa

INGREDIENTES
4 peras
200g de chocolate cobertura 100% de cacau
Gergelim
Calda de morango
200g de chocolate cobertura branco (opcional)

UTENSÍLIOS
1 faca
1 panela e 1 vasilha refratária para o banho-maria
1 colher de pau
1 travessa
Papel-alumínio (opcional)

Escolher quatro peras bem bonitas e com cabinho. Descascá-las.

Levar o chocolate a fogo bem baixo, em banho-maria, para derreter, de modo que fique suficientemente grosso. Mexer um pouco com uma colher de pau para evitar grumos.

Uma vez derretido, pegar as peras uma a uma pelo cabinho e colocá-las dentro do chocolate até que fiquem totalmente cobertas.

Antes de o chocolate endurecer, polvilhar com gergelim e regar com um pouco de calda de morango.

Deixe descansar um pouco na geladeira, para servir gelado.

DICA...

As peras podem ser decoradas com chocolate branco ou preto. Para fazer isso, derreter o chocolate, colocá-lo em um cone de papel-alumínio e trabalhar com ele usando um saco de confeiteiro.

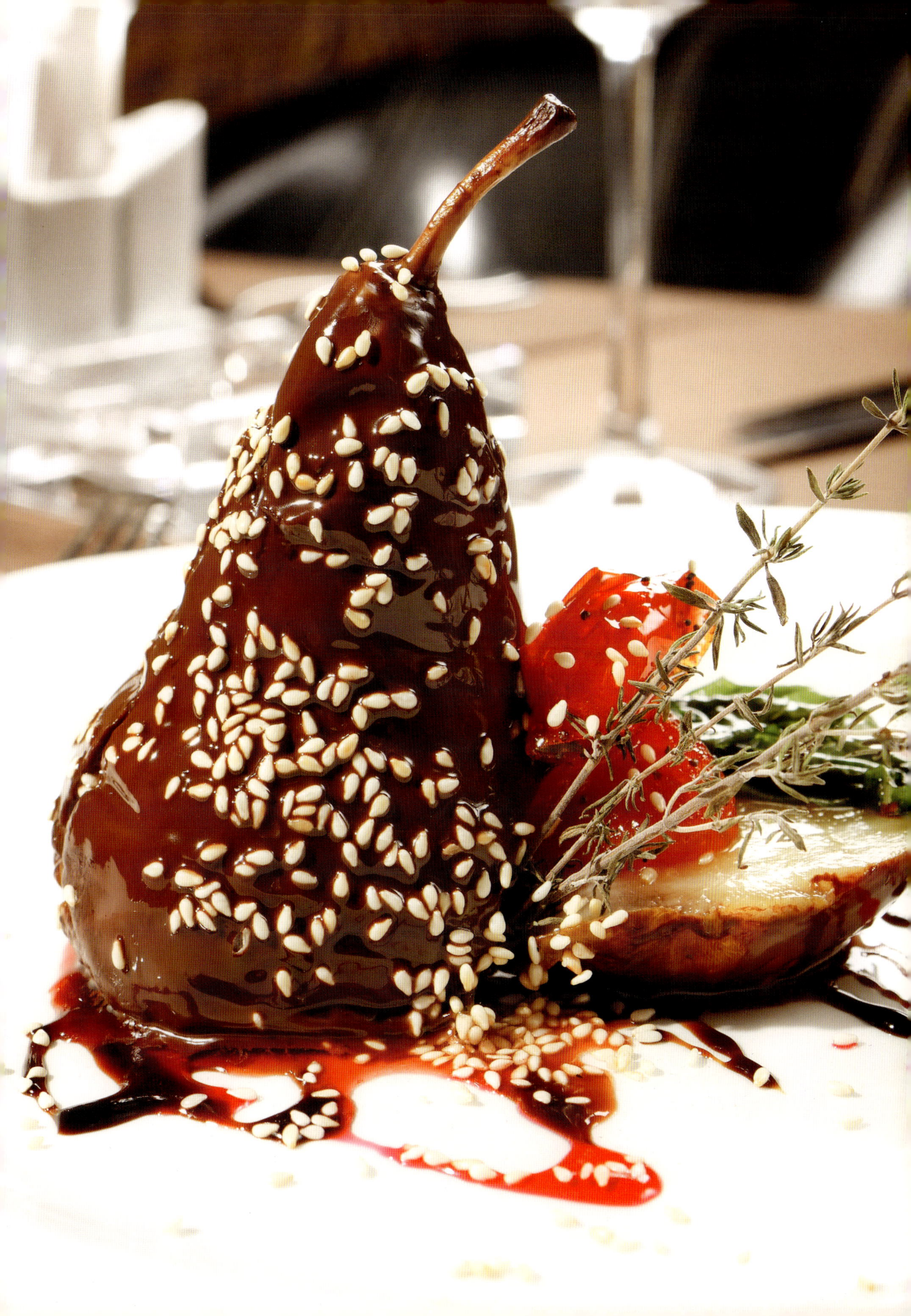

Ingredientes

Para a base
200g de manteiga
200g de açúcar
2 ovos
150g de cacau em pó
250g de farinha de trigo
1 colher (chá) de fermento
Manteiga para untar a forma

Para o recheio
½ litro de creme de leite fresco
1 colher (sopa) de açúcar
150g de cacau em pó
200g de chocolate cobertura 100% de cacau
400g de morangos

Utensílios
2 tigelas
1 batedor manual
1 forma de aro removível
1 faca
1 panela
1 saco de confeiteiro

Bater a manteiga com o açúcar. Acrescentar dois ovos, o cacau e a farinha previamente misturada com o fermento e bater tudo.

Despejar a mistura em uma forma previamente untada com manteiga, e assar por 30 minutos a 180°C.

Para o recheio

Em outra tigela, bater o creme de leite com uma colher de açúcar. Quando triplicar de volume, acrescentar metade do cacau.

Lavar os morangos e tirar os cabinhos. Cortar o bolo assado ao meio e espalhar metade dos morangos na parte inferior; cobrir tudo com o resto do cacau. Tampar com a outra metade do bolo.

Derreter o chocolate em fogo baixo e colocá-lo no saco de confeiteiro. Utilizar um bico de estrela para obter o efeito da foto.

Cortar os morangos restantes em pedacinhos e colocar por cima.

Dica...

Uma vez cortado o bolo ao meio, podem-se acrescentar na parte interna das duas metades algumas gotas de rum para aromatizar, sem excessos.

Vermelho e preto

Porções: 8 • Tempo de preparo: 1 hora • Dificuldade: média

Tronco de chocolate

Porções: 6 • Tempo de preparo: 40 minutos • Dificuldade: média

INGREDIENTES

PARA A BASE
4 ovos
25g de açúcar
25g de farinha de trigo
25g de cacau em pó

PARA O RECHEIO
1 litro de creme de leite para chantili
30g de açúcar
4 morangos
1 banana
1 kiwi

PARA A DECORAÇÃO
2 morangos
1 banana
1 kiwi
Calda de frutas (opcional)
Chocolate branco (opcional)

UTENSÍLIOS
2 tigelas
Colheres de pau ou 1 batedor manual
Papel vegetal

Em uma tigela, misturar os ingredientes para o bolo base até obter uma massa homogênea.

Despejar a mistura na assadeira previamente coberta com papel vegetal, de tal modo que fique com uma espessura fina e uniforme.

Assar por 10 minutos a 180°C e retirar quando ganhar cor, para que o bolo não fique nem muito seco nem duro.

Bater um pouco o creme de leite com o açúcar e acrescentar as frutas previamente cortadas em pedaços pequenos. Despejar essa mistura em cima do bolo e enrolar.

Decorar a última camada com o restante das frutas, alternando o contraste de cor do morango e do kiwi.

DICA...

As frutas têm que estar bem duras para que, ao cortar, não se quebrem, e precisam ser uniformes, cortadas de um mesmo tamanho. Deve-se selecionar as mais bonitas para a camada superior. Também é possível decorar com um pouco de calda de frutas ou com chocolate branco.

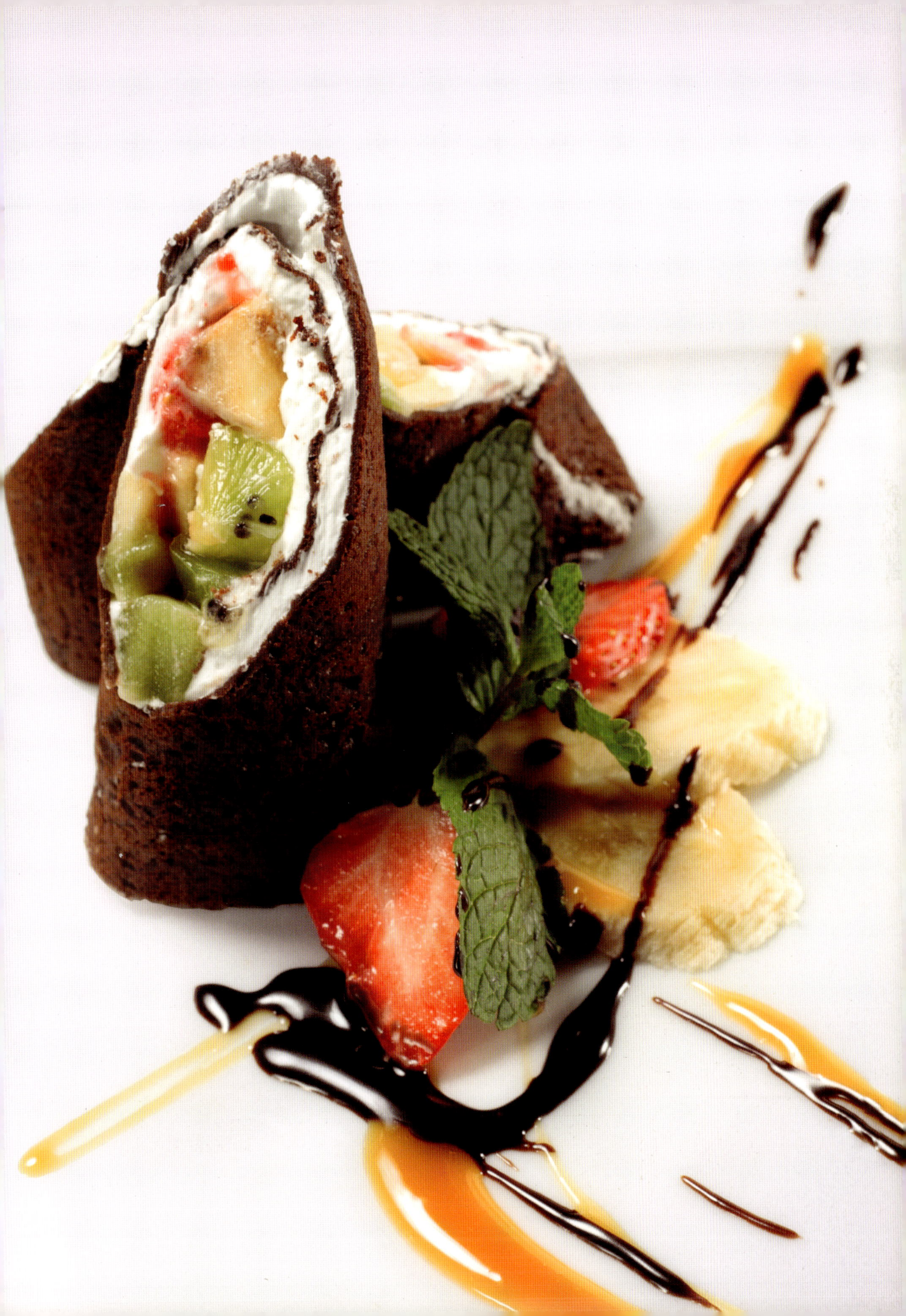

Chocolate em taça

A textura aveludada do chocolate se faz presente nas taças, criando deliciosas espumas e cremes. Os contrastes de temperatura e sabor dessas receitas se mesclam para abrir as portas a um mundo de novas sensações.

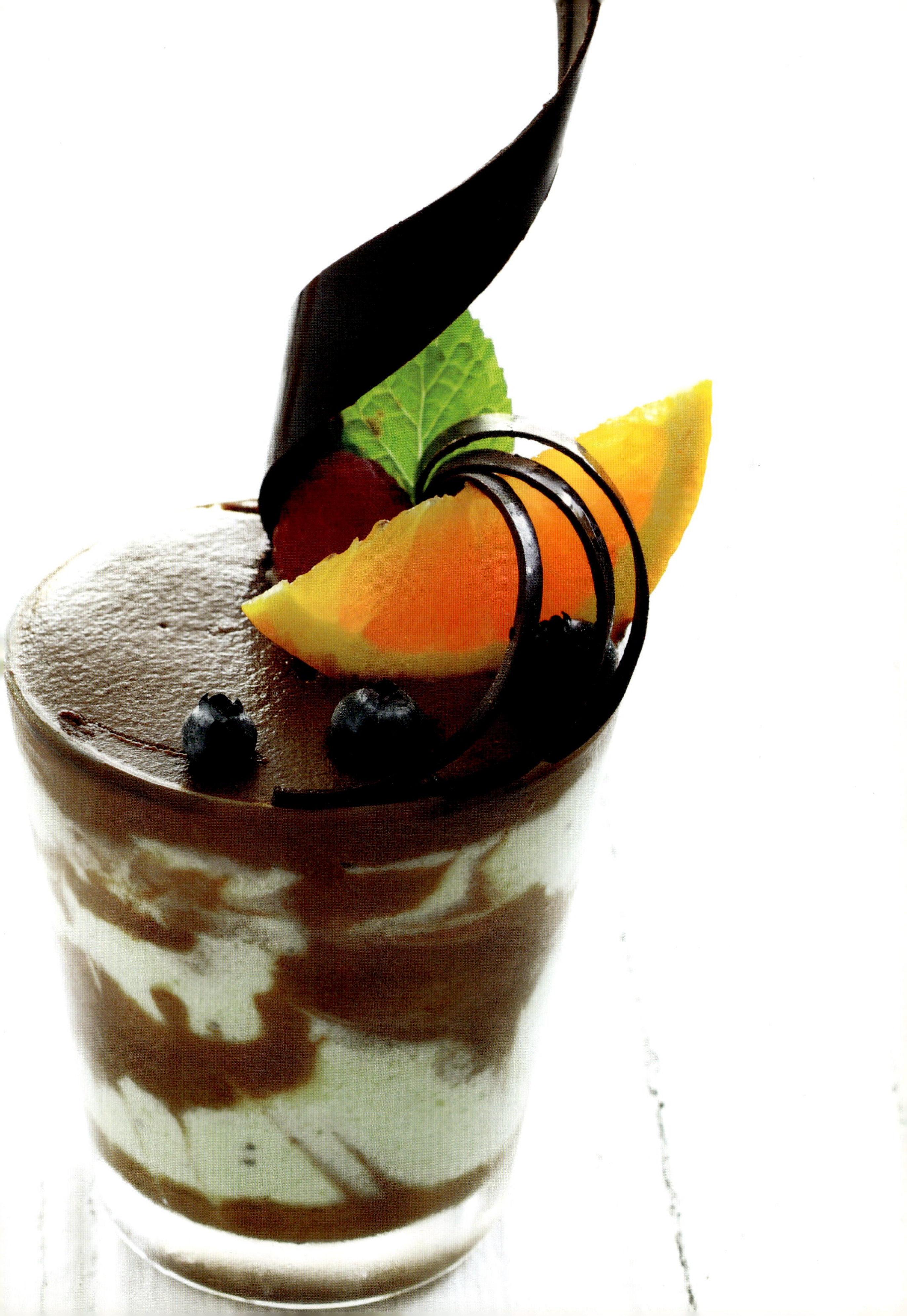

Brownie de chocolate com sorvete de pistache

Porções: 4 • Tempo de preparo: 1 hora • Dificuldade: média

INGREDIENTES
150g de chocolate para culinária
100g de manteiga, mais um pouco para untar a forma
3 ovos
150g de açúcar
80g de farinha de trigo, mais um pouco para polvilhar a forma
500g de sorvete de pistache
4 cerejas

UTENSÍLIOS
1 panela e 1 vasilha refratária para o banho-maria
1 colher de pau
1 forma retangular para bolo
1 peneira
1 tigela
1 faca
1 colher de sorvete
4 taças ou recipientes pequenos

Derreter o chocolate junto com a manteiga em banho-maria.

Em uma tigela, bater os ovos com o açúcar até que comece a formar bolhas.

Quando o chocolate tiver esfriado, juntar à mistura de ovos e açúcar, acrescentar a farinha peneirada e misturar com um movimento de cima para baixo.

Colocar a mistura em uma forma previamente untada e polvilhada com farinha. Assar por 15 minutos a 180°C.

Tirar do forno e deixar esfriar para cortar depois. No momento de servir, colocar em cada taça ou recipiente pequeno uma ou duas bolas de sorvete de pistache, um pedaço de brownie e uma cereja.

DICA...

Na realidade, esta sobremesa pode ser acompanhada por qualquer outro sorvete, não necessariamente de pistache, mas o verde enriquece a apresentação. Além disso, pode ser acompanhada de chocolate derretido ou de qualquer tipo de calda.

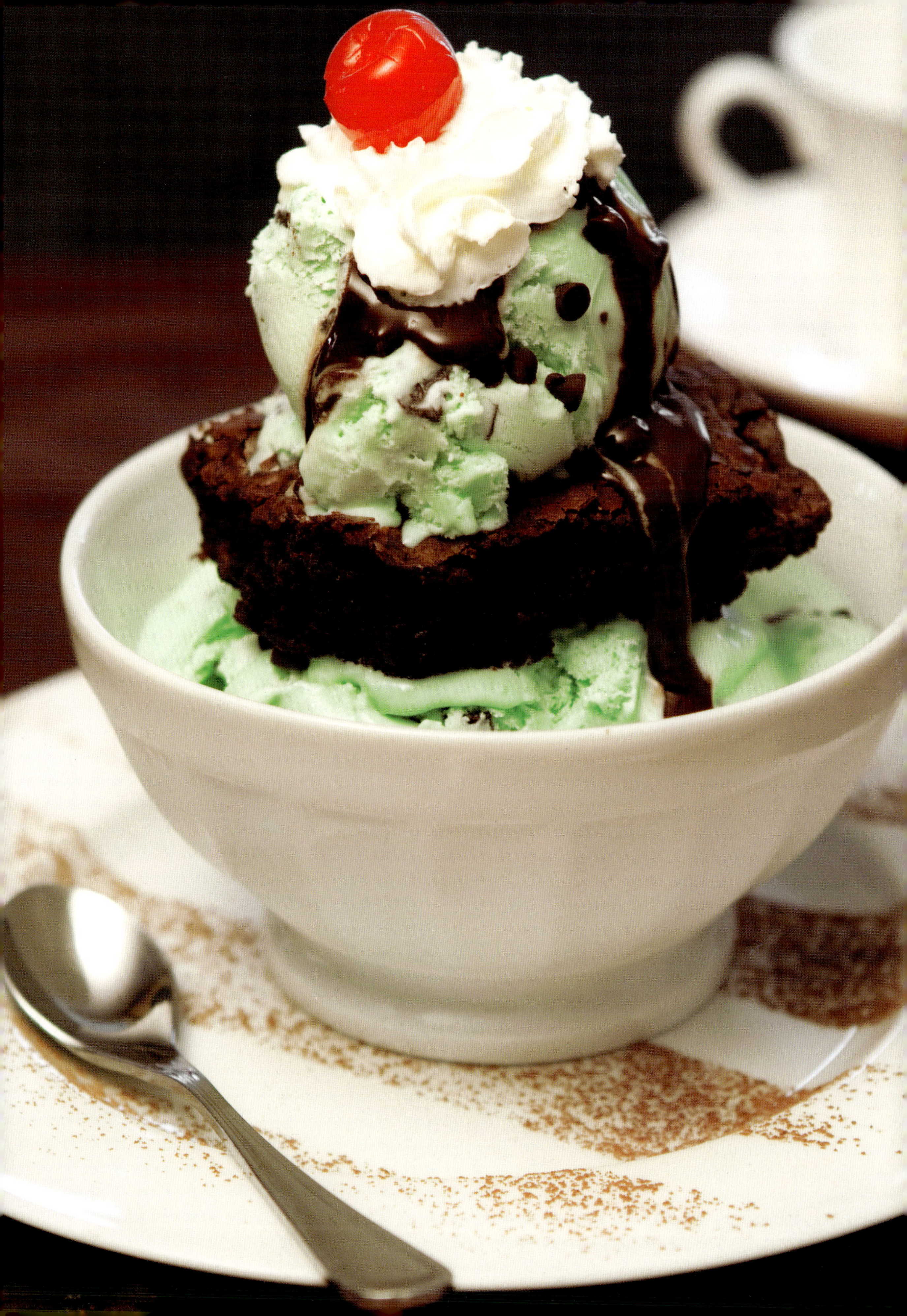

Taça de chocolate com chantili

Porções: 4 • Tempo de preparo: 2 horas • Dificuldade: baixa

Ingredientes
150g de chocolate 70% de cacau
500ml de creme de leite fresco
350g de açúcar (200g para o chantili e 150g para o caramelo)
3 gemas de ovo
Essência de baunilha
¼ de copo de água

Utensílios
1 panela e 1 vasilha refratária para o banho-maria
1 tigela
1 batedor manual
4 taças de vidro
1 saco de confeiteiro
1 panela
1 colher
1 forma de silicone

Derreter o chocolate em banho-maria, em fogo baixo, e deixar esfriar. Bater o creme de leite com 200g de açúcar e, quando estiver no ponto, dividir em duas partes. Acrescentar uma delas ao chocolate, junto com as gemas de ovo e uma pitada de essência de baunilha. Colocar esse creme nas taças. Sobre ele, com o saco de confeiteiro, colocar o restante do chantili. Reservar na geladeira até a hora de servir.

Para fazer o caramelo da decoração, colocar em uma panela ¼ de copo de água e o açúcar reservado e cozinhar em fogo baixo, mexendo até que forme o caramelo. Pegar uma porção de caramelo com uma colher e verter sobre a forma de silicone, formando fios. Deixar secar e esfriar durante alguns minutos e, a seguir, retirar com cuidado, visto que o caramelo em fios é muito frágil. Colocar alguns fios sobre cada taça na hora de servir.

Dica...
O caramelo pode ser usado em forma de grade ou simplesmente em fios sobre a taça, colocado no momento de refrigerar ou de servir.

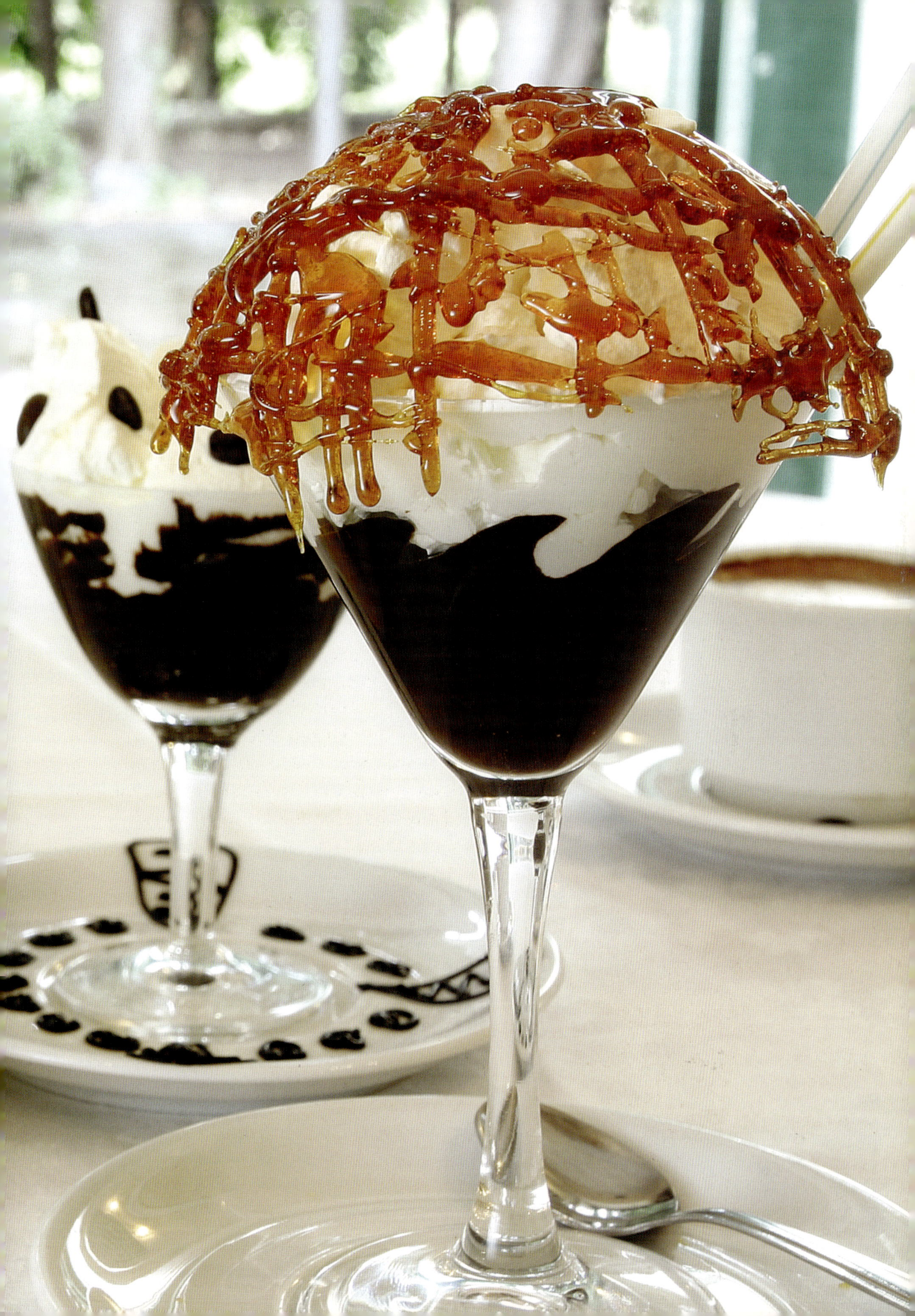

Creme de chocolate

Porções: 10 • Tempo de preparo: 30 minutos para a elaboração e várias horas de geladeira • Dificuldade: baixa

INGREDIENTES
1 litro de leite
100g de chocolate para culinária
2 gotas de baunilha
4 gemas de ovo
1 colher (sopa) de farinha de trigo
3 colheres (sopa) de açúcar
Creme de leite fresco (opcional)
Ganache (opcional)
Chocolate puro ralado ou em lascas (opcional)

UTENSÍLIOS
1 panela
1 colher de pau
1 tigela
10 taças, recipientes ou copos de vidro

Em uma panela, levar ao fogo o leite, o chocolate e a baunilha durante 2 minutos, mexendo a mistura com a colher de pau até que o chocolate derreta.

Em uma tigela, misturar as gemas, a farinha e o açúcar e adicionar essa mistura ao leite com chocolate, sem parar de mexer, lenta e continuamente, para que não queime. Quando obtiver a espessura desejada, retirar a mistura do fogo e colocar nas taças. Também fica muito bonito servido em recipientes ou copos de vidro.

Conservar na geladeira até esfriar e servir depois.

DICA...

Pode-se enfeitar o creme de chocolate com um pouco de creme de leite ou ganache. Isso também dará um toque especial de sabor à receita. Ralar um pouco de chocolate puro e polvilhar na superfície é também uma boa ideia.

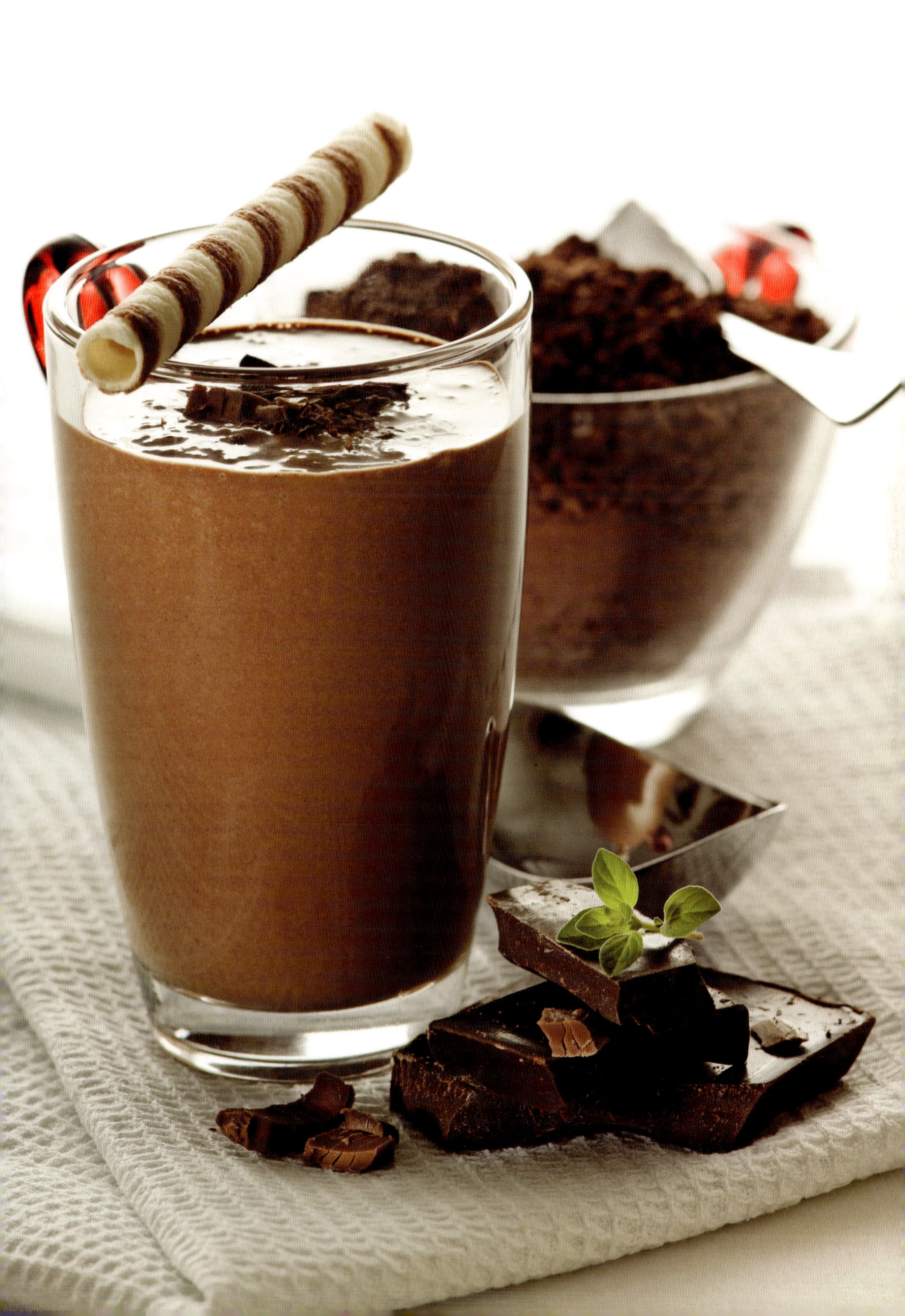

Creme de chocolate branco com cookies

Porções: 4 • Tempo de preparo: 2 horas • Dificuldade: baixa

INGREDIENTES
500ml de leite desnatado
5 gotas de essência de baunilha
1 gema de ovo
1 colher (sopa) de amido de milho ou maisena (aproximadamente 25g)
100g de chocolate branco
8 cookies
Cacau em pó (opcional)
Folhas de hortelã (opcional)

UTENSÍLIOS
1 panela
1 colher de pau
4 copos de vidro

Reservar uma xícara de leite e aquecer em uma panela o restante com a essência de baunilha. Dissolver uma gema de ovo e uma colher de maisena no leite reservado.

Quando o leite na panela estiver quente, despejar nele a mistura da xícara, e mexer até engrossar.

Abaixar o fogo ao mínimo e juntar o chocolate branco em pedacinhos, misturando-o até que derreta por completo.

Colocar um cookie em cada copo, encher até a metade com o creme, colocar outro biscoito e terminar de encher. Desse modo, através do vidro é possível ver os biscoitos.

DICA...

Para dar um toque de cor, pode-se polvilhar cacau em pó ou decorar com folhinhas de hortelã por cima.

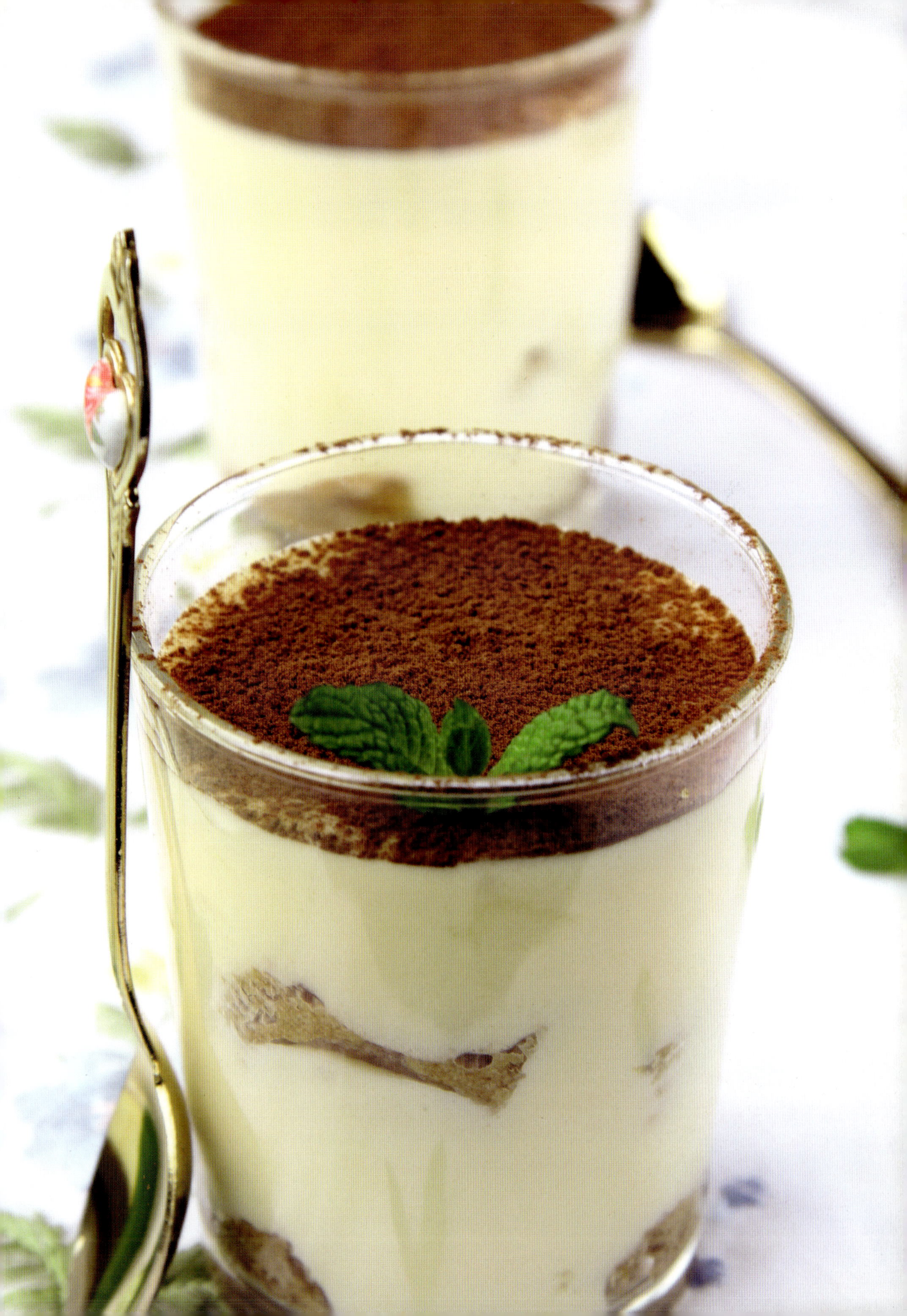

Sorvete branco e preto

Porções: 12 • Tempo de preparo: 1 hora para a elaboração e 7 horas de freezer • Dificuldade: baixa

Ingredientes
8 ovos
300g de açúcar de confeiteiro
1 colher (chá) de açúcar de baunilha
1 litro de creme de leite fresco
5 colheres (sopa) de cacau em pó
Cerejas (opcional)
Folhas de hortelã (opcional)
Biju (opcional)
Calda de chocolate (opcional)
Chocolate branco em pó (opcional)

Utensílios
2 tigelas
Mixer
1 batedor manual
Filme de PVC
1 vasilha de plástico
12 taças de vidro
1 colher de sorvete

Em uma das tigelas, colocar os ovos, o açúcar de confeiteiro e o açúcar de baunilha e bater com o mixer até que a mistura dobre de volume.

Na outra tigela, bater o creme de leite fresco até que triplique de volume. Uma vez batido, acrescentar pouco a pouco o conteúdo da outra tigela e depois misturar com o batedor manual com movimentos de cima para baixo, até que a massa fique homogênea.

Acrescentar o cacau e continuar misturando com movimentos de cima para baixo.

Forrar uma vasilha de plástico com filme de PVC e despejar a mistura, deixando no freezer durante 7 horas.

Uma vez obtido o sorvete, colocar uma ou duas bolas por taça, com uma colher adequada, e decorar a gosto.

Dica...
Para fazer este sorvete com chocolate branco, basta seguir o mesmo procedimento, trocando o cacau da receita por chocolate branco de boa qualidade.

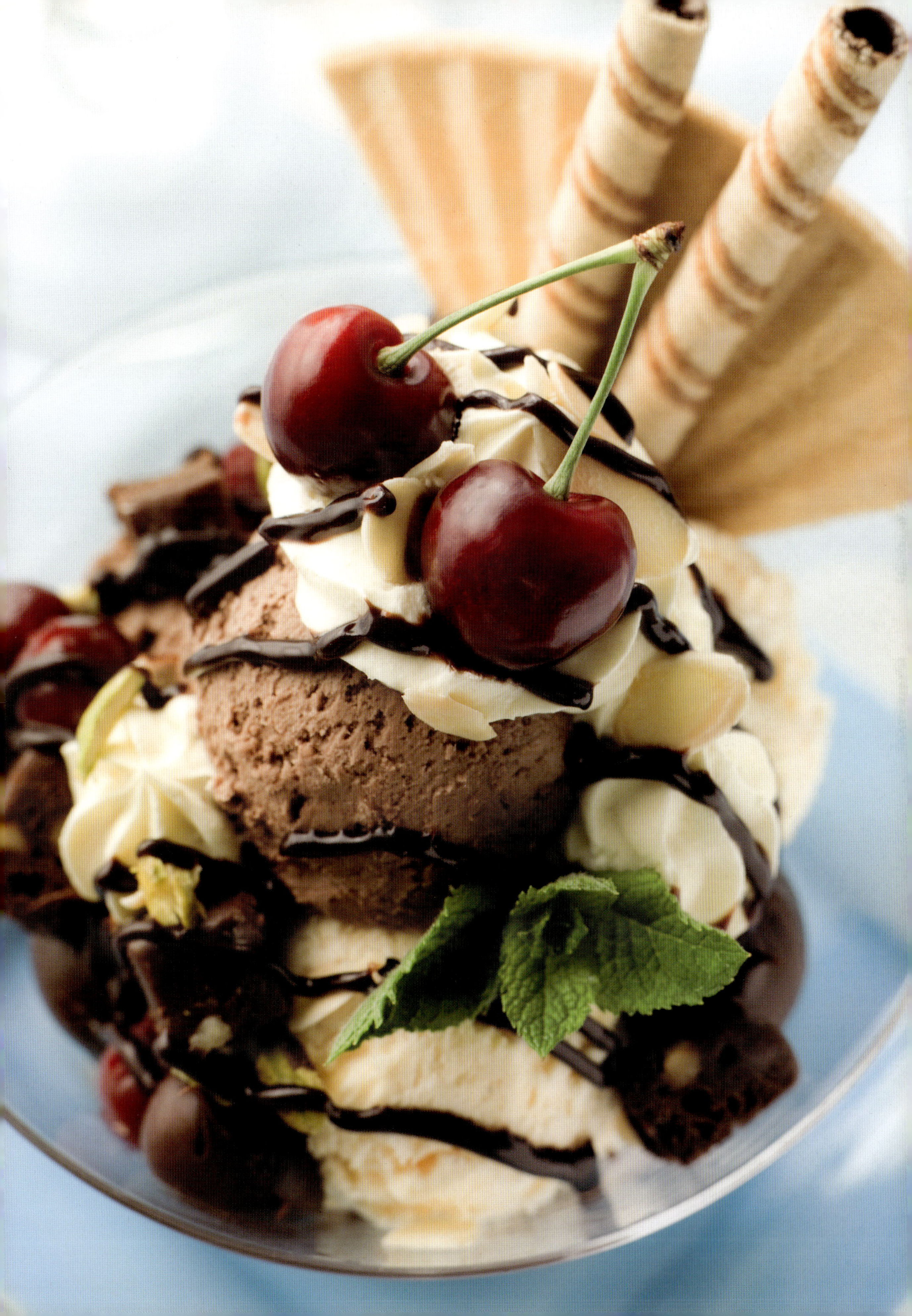

Sorvete de chocolate ao leite e chocolate branco

Porções: 4 • Tempo de preparo: 1 hora • Dificuldade: média

INGREDIENTES
8 colheres (sopa) de leite condensado
100g de amêndoas picadas
3 gemas de ovo
5 colheres (sopa) de cacau em pó
½ taça de conhaque
5 colheres (sopa) de chocolate branco em pó
100g de chocolate cobertura 80% de cacau

UTENSÍLIOS
2 tigelas
1 batedor manual
4 taças de vidro
1 panela e 1 vasilha refratária para o banho-maria

Em uma tigela, colocar o leite condensado e as amêndoas. Na outra, colocar as gemas de ovo, o cacau em pó e o conhaque. Misturar tudo muito bem com o batedor manual e, quando formar uma massa homogênea, acrescentar o leite condensado com amêndoas da primeira tigela.

Trabalhar a mistura até que os ingredientes se integrem; depois, distribuir o creme em taças grandes e levar ao freezer.

Para fazer o sorvete de chocolate branco, substituir o cacau por chocolate branco em pó e seguir o mesmo procedimento.

Uma vez servido o sorvete nas taças e congelado, derreter lentamente no fogo baixo, em banho-maria, a cobertura de chocolate e banhar com ela os sorvetes na hora de servir.

DICA...
Não é recomendável deixar o sorvete muito tempo no freezer, porque ele cristaliza. Para evitar isso, retirar e mexer, a fim de que se mantenha cremoso.

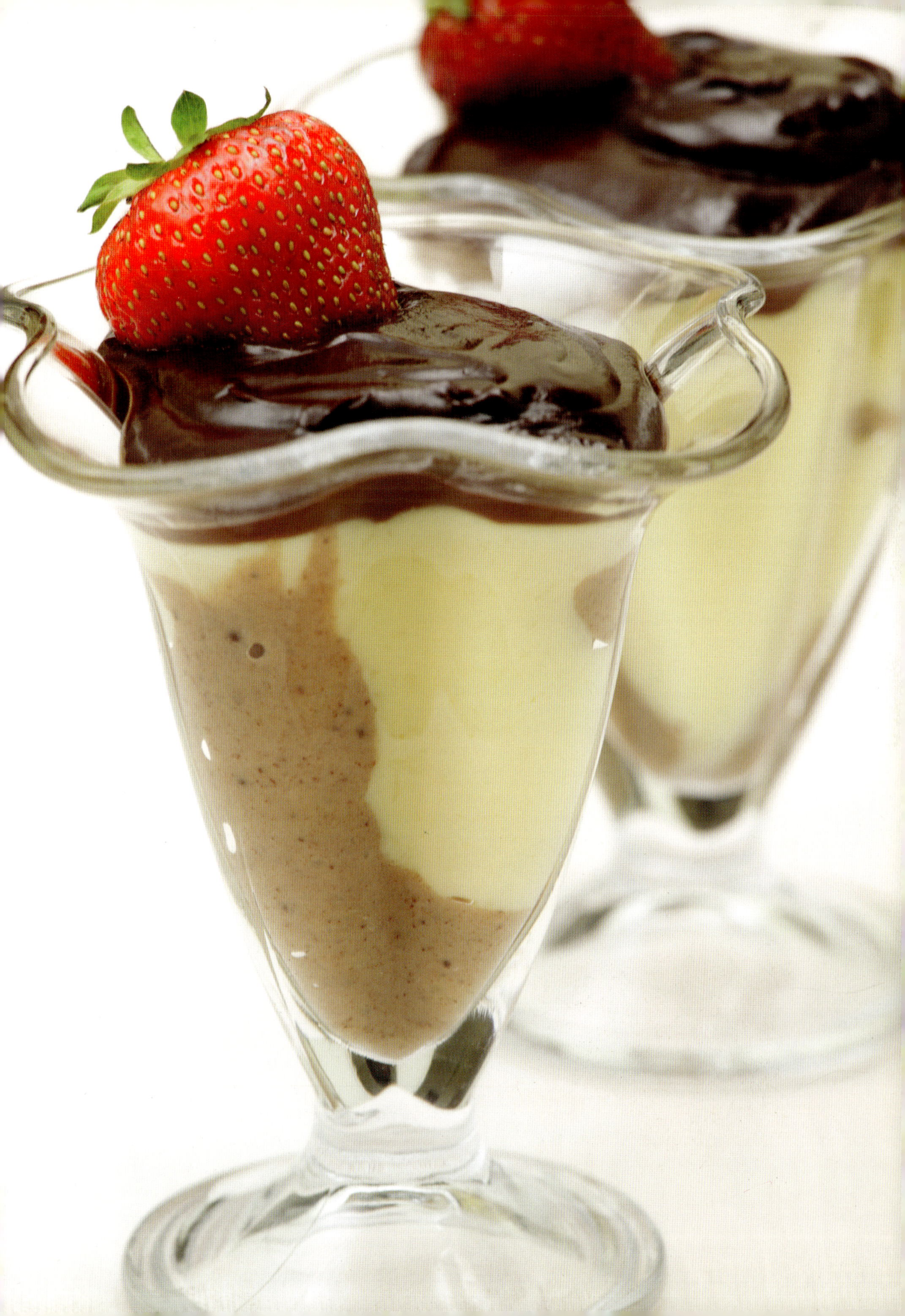

Musse de chocolate e café

Porções: 10 • Tempo de preparo: 1 hora para a elaboração e 3 horas de geladeira • Dificuldade: baixa

INGREDIENTES
½ copo de água
15g de café moído
400g de chocolate 80% de cacau
4 litros de creme de leite fresco
4 claras de ovo
35g de açúcar

UTENSÍLIOS
2 panelas
1 filtro de café
1 colher de pau
Mixer
1 tigela
1 espátula
10 taças de vidro

DICA...
Pode-se banhar com um pouco de calda de chocolate branco ou acompanhar com um pouco de ganache, em vez de creme de leite.

Ferver em uma panela ½ copo de água e o pó de café. Abaixar o fogo e manter o café fervendo durante 5 minutos. Coar. Pôr o café em uma panela média e acrescentar o chocolate picado para que derreta, mexendo constantemente com a colher de pau.

Bater o creme de leite com o mixer até que fique levemente firme; basta dobrar o volume e ficar fluido para evitar que a musse fique dura. Misturar muito suavemente com o chocolate já preparado.

Em uma tigela, bater as claras começando muito suavemente e aumentando o ritmo pouco a pouco. Quando começar a formar espuma, acrescentar o açúcar em forma de chuva fina e continuar batendo, com cada vez mais força. Quando as claras estiverem compactas, juntar a mistura de chocolate com uma espátula.

Colocar a musse em taças de vidro e deixar descansar na geladeira durante 3 horas, no mínimo.

Para decorar, bater um pouco mais de creme de leite e reservar até a hora de servir.

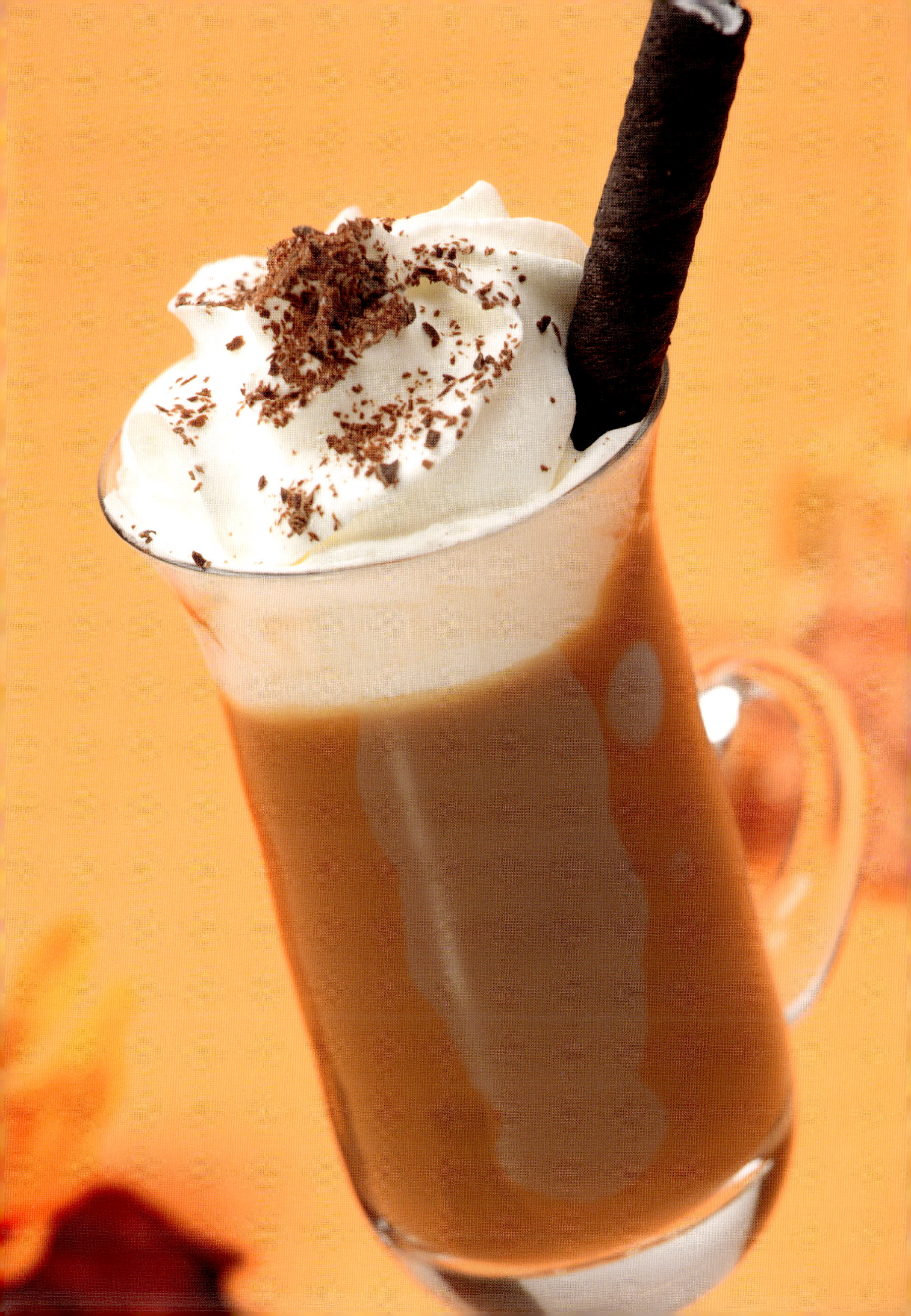

Musse de chocolate e cereja

Porções: 4 • Tempo de preparo: 1 hora e 30 minutos • Dificuldade: baixa

INGREDIENTES
250g de cerejas
20g de manteiga
5 colheres (sopa) de açúcar
6 raminhos de hortelã
350ml de creme de leite fresco
800g de chocolate 60% de cacau
1 tacinha de licor de hortelã
3 claras de ovo

UTENSÍLIOS
1 faca
1 frigideira
1 tigela
1 panela
1 batedor manual
1 prato
4 taças de vidro

DICA...
Também pode-se usar um pouco de chocolate derretido, despejando-o em círculos sobre a musse e lhe dando forma com um palito.

Lavar e secar as cerejas, retirar o caroço e partir ao meio. Saltear rapidamente no fogo forte com a manteiga e uma colher (sopa) de açúcar, durante cerca de 3 minutos; reservar.

Lavar a hortelã, secar e cortar em tirinhas. Misturar ? da hortelã picada com 200ml de creme de leite fresco e reservar na geladeira. Aquecer o creme de leite restante com o que sobrou da hortelã, em fogo bem baixo, durante 10 minutos.

Retirar o creme de leite do fogo e acrescentar o chocolate partido em pedaços. Deixar a mistura descansar durante 5 minutos. Depois, acrescentar o licor de hortelã e bater até obter uma massa homogênea.

Bater as claras em neve em um prato com duas colheres (sopa) de açúcar e adicionar suavemente ao chocolate, junto com as cerejas.

Distribuir a musse em quatro taças e reservar na geladeira.

Para decorar, bater o creme de leite com hortelã com mais duas colheres (sopa) de açúcar.

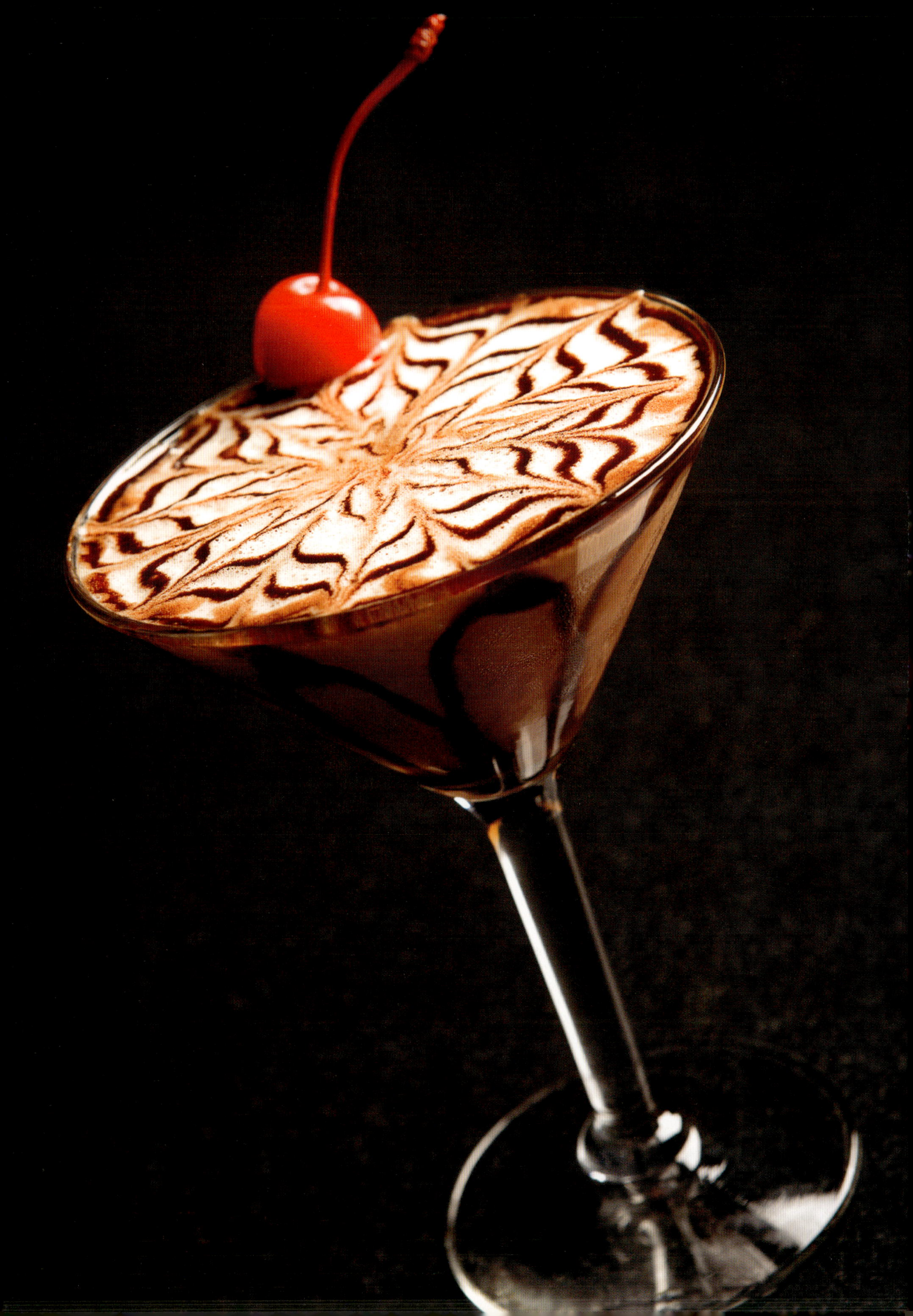

Gemada de chocolate

Porções: 4 • Tempo de preparo: 40 minutos • Dificuldade: baixa

Ingredientes
120g de chocolate 100% de cacau
2 colheres (sopa) de água quente
½ litro de leite
4 colheres (sopa) de açúcar
2 gemas de ovo
2 colheres (sopa) de maisena (amido de milho)
Leite condensado
Cookies ou biju (opcional)

Utensílios
2 panelas
2 colheres de pau
1 tigela
4 taças ou copos compridos
1 bisnaga de culinária

Em uma panela, levar o chocolate e duas colheres de água ao fogo baixo para derreter, mexendo com uma colher de pau.

Na outra panela, colocar o leite com a metade do açúcar, mexendo sem parar com outra colher de pau até ferver.

Tirar o leite do fogo e, em uma tigela, pôr o açúcar restante junto com as gemas e a maisena. Quando estiver bem misturado, juntar bem devagar um pouco de leite quente, para que o ovo não talhe.

Despejar essa mistura na panela com o leite e o açúcar e levar novamente ao fogo. Acrescentar o chocolate e manter no fogo baixo, sem parar de mexer, até que engrosse. Reservar na geladeira.

Para decorar, pôr o leite condensado na bisnaga de culinária e fazer pequenas linhas nas laterais das taças. A seguir, enchê-las com a gemada.

Dica...
Pode-se acompanhar essa deliciosa gemada com um pouco de chocolate branco, um cookie ou um biju.

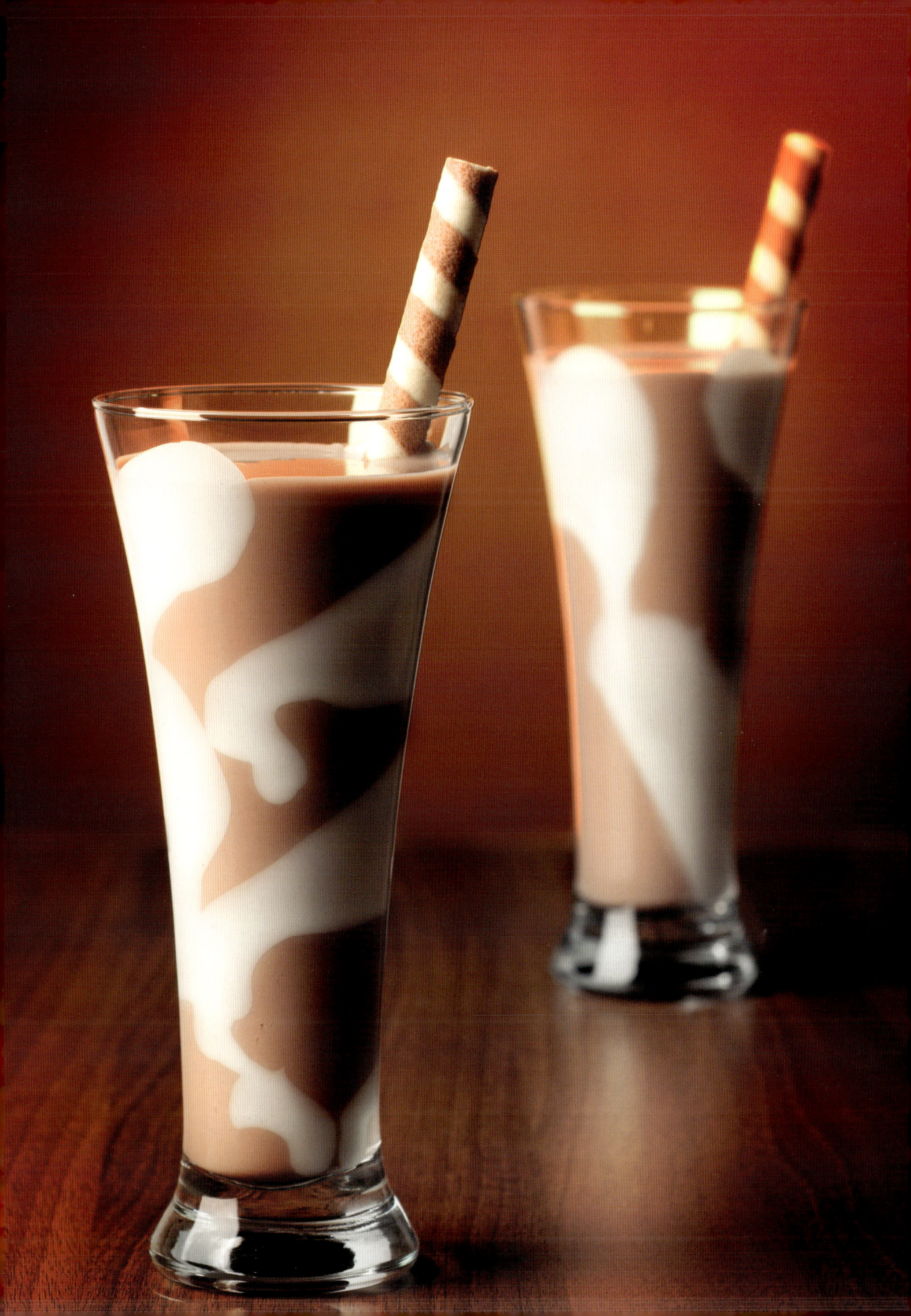

Tiramisù em taça com biscoito champanhe

Porções: 6 • Tempo de preparo: 40 minutos • Dificuldade: baixa

Ingredientes
3 ovos
70g de açúcar
200g de queijo mascarpone
Biscoitos champanhe
1 xícara de café já pronto
2 colheres (sobremesa) de cacau em pó
Bolinhas de chocolate (opcional)
Folhas de hortelã (opcional)

Utensílios
2 tigelas
1 batedor manual
1 prato
6 taças de vidro
1 coador

Bater as gemas com o açúcar até obter uma mistura esbranquiçada e porosa e acrescentar o queijo mascarpone. À parte, bater as claras em neve e acrescentar pouco a pouco ao creme de gemas, com movimentos de baixo para cima.

Cortar os biscoitos champanhe e banhá-los no café.

Colocar o creme no fundo da taça. Acrescentar os biscoitos na metade e, sobre eles, pôr o creme novamente.

Finalmente, polvilhar cacau em pó usando uma peneirinha, para que fique bem distribuído.

Dica...
Pode-se acompanhar o tiramisù com algumas bolinhas de chocolate crocante ou com lascas de chocolate.

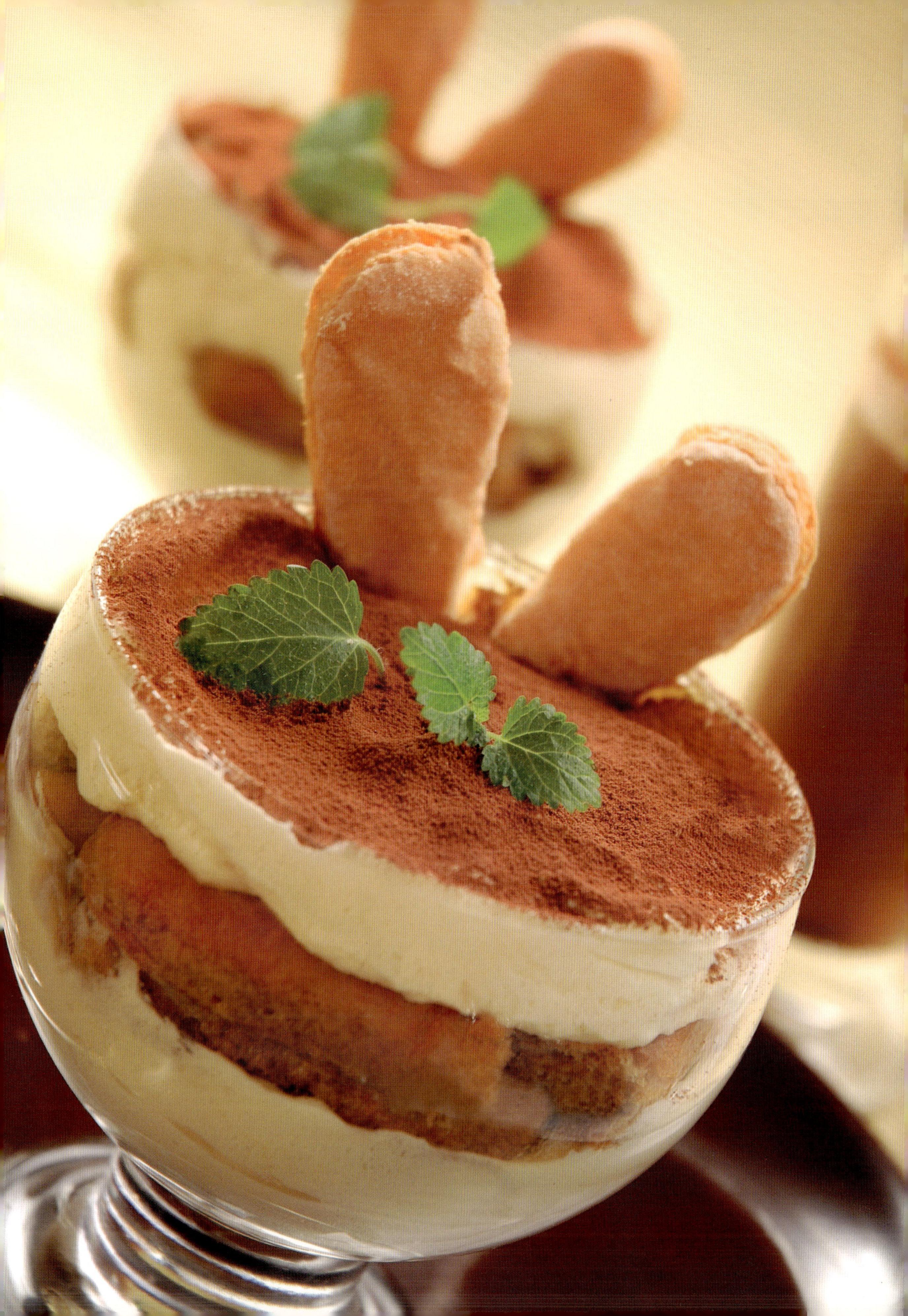

Pequena confeitaria

Pequenas obras de arte nas quais o deleite visual acompanha o prazer proporcionado pelos sofisticados sabores dessas receitas. Um verdadeiro luxo para todos os sentidos.

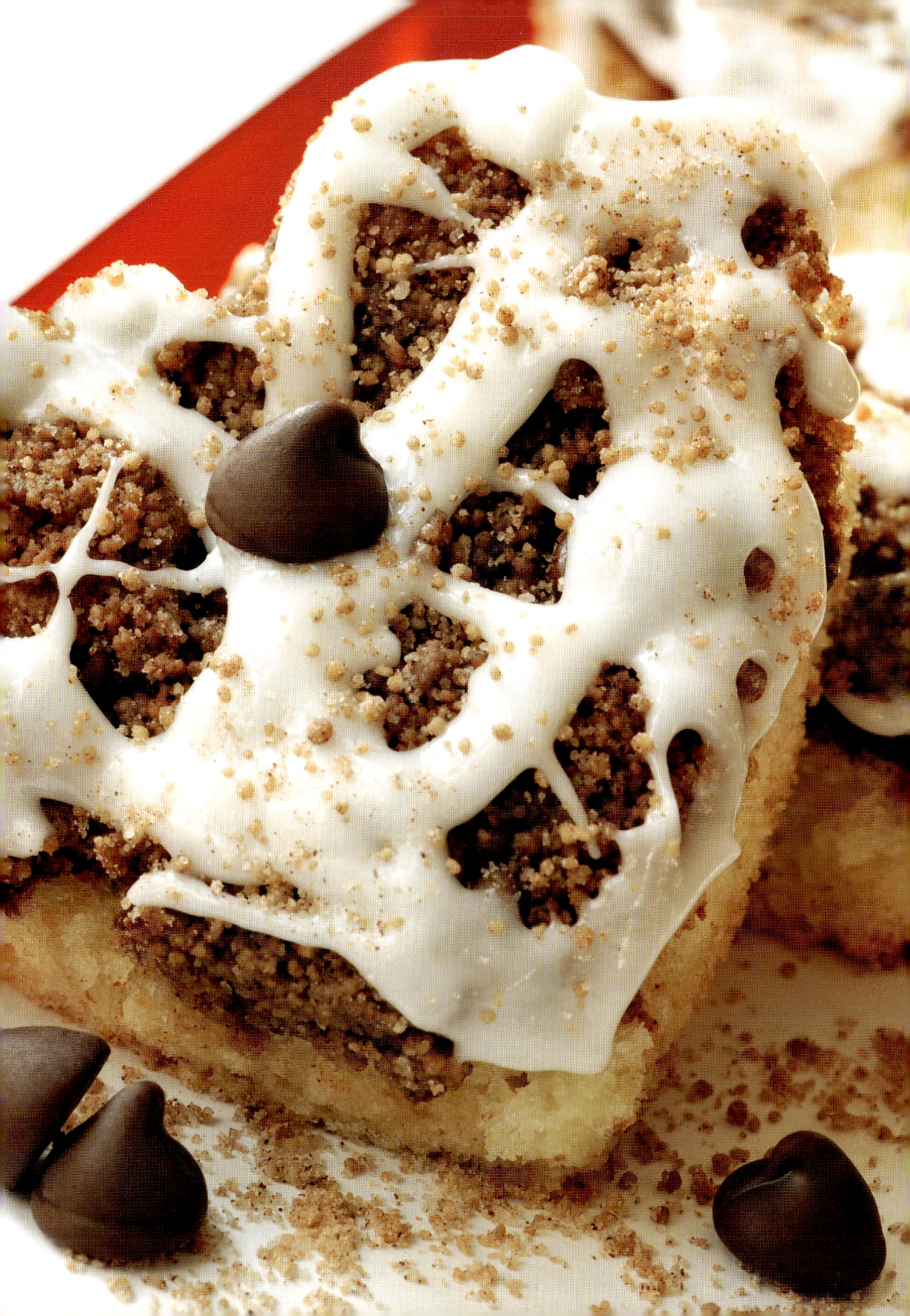

Coração de chocolate bem macio

Porções: 10 • Tempo de preparo: 30 minutos • Dificuldade: média

Ingredientes
300g de chocolate 100% de cacau
300g de açúcar
125g de farinha de trigo
7 ovos
3 copos de leite
1 colher (sopa) de fermento em pó
125g de manteiga
Calda de chocolate

Utensílios
1 tigela
1 batedor manual
1 assadeira
Papel-alumínio
1 faca
1 cortador de massa em forma de coração

Começar o preparo da massa derretendo antes o chocolate no micro-ondas. Dois minutos em potência máxima são suficientes. A seguir, misturar todos os ingredientes em uma tigela usando um batedor manual, até que a massa fique homogênea. Despejar em uma camada não muito grossa na assadeira forrada com papel-alumínio. Assar por 30 minutos a 180°C.

Quando a massa do bolo estiver assada (introduzindo a ponta de uma faca, ela deve sair limpa), deixar esfriar um pouco em temperatura ambiente. Cortar como se fossem bolinhos em forma de coração.

Servir com calda de chocolate por cima.

Dica...
É importante que na hora de cortar os corações a massa esteja morna. Isso facilitará sua manipulação, porque não vai queimar seus dedos, e também não vai se quebrar.

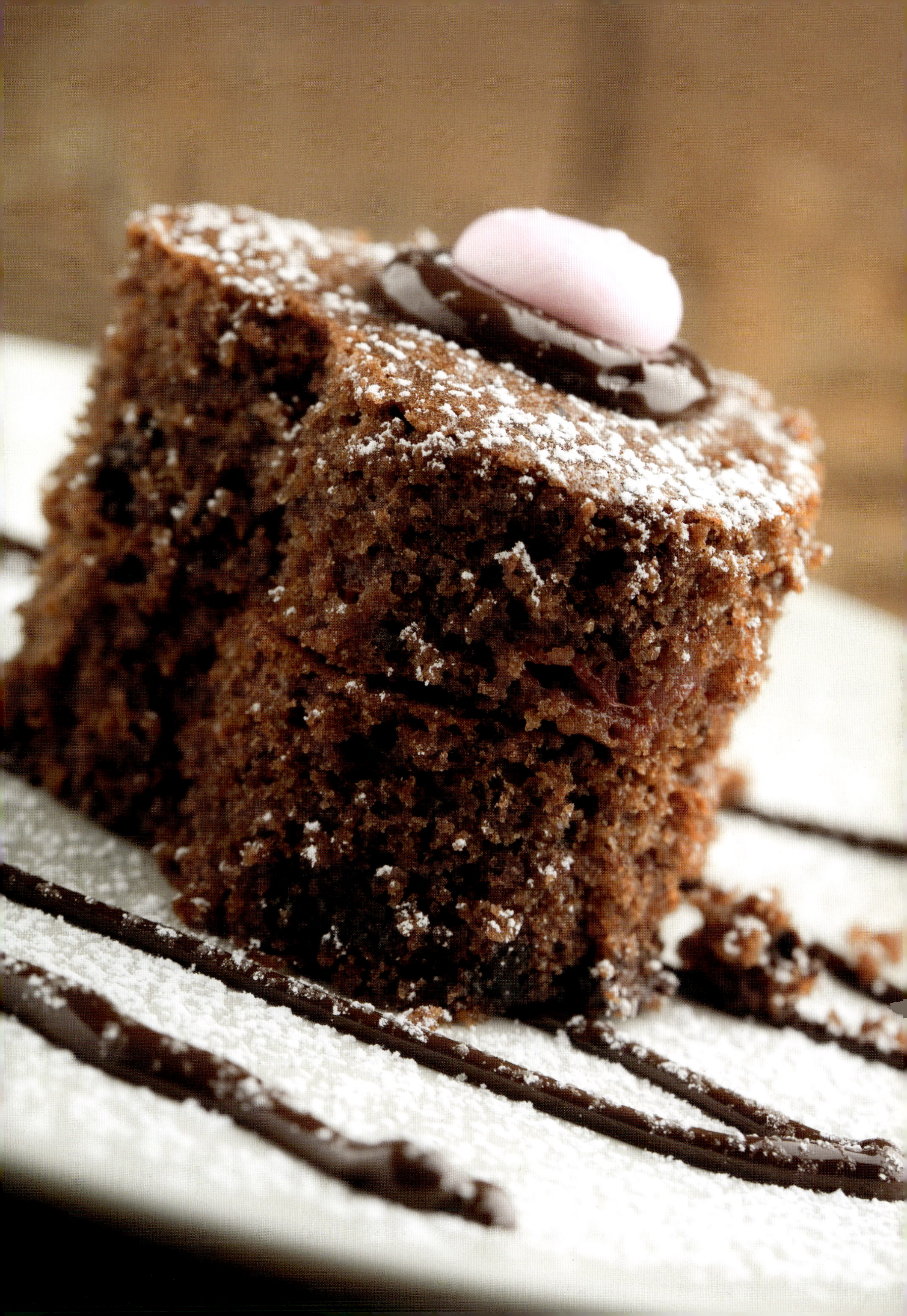

Cubo de cacau com coco

Porções: 8 • Tempo de preparo: 2 horas • Dificuldade: média

Ingredientes
4 ovos
2 xícaras de açúcar
100g de manteiga
1 xícara de cacau em pó
1 xícara de farinha de trigo, mais um pouco para polvilhar a forma
Coco ralado
Manteiga para untar a forma
Frutas secas ou frutas silvestres (opcional)

Utensílios
2 tigelas
Batedeira
1 faca
1 panela e 1 vasilha refratária para o banho-maria
1 peneira ou coador fino
1 assadeira quadrada ou retangular

Bater, de preferência com uma batedeira elétrica, os ovos com o açúcar, até que a mistura engrosse e aumente de volume.

Cortar a manteiga em pedaços e derreter em banho-maria. Acrescentar então o cacau, misturar tudo muito bem e juntar aos ovos batidos.

Juntar à mistura a farinha peneirada e um pouco de coco ralado.

Untar uma forma quadrada ou retangular, polvilhar com farinha e despejar a mistura nela.

Assar por aproximadamente 25 minutos, a 150°C. Conferir se está assado enfiando um palito ou a ponta de uma faca. Têm que sair limpos.

Deixar esfriar durante alguns minutos e polvilhar com mais coco ralado antes de cortar em quadrados.

Dica...
Este delicioso cubo pode ser acompanhado de frutas secas ou frutas silvestres, elementos que acrescentam sabor e um pouquinho mais de cor.

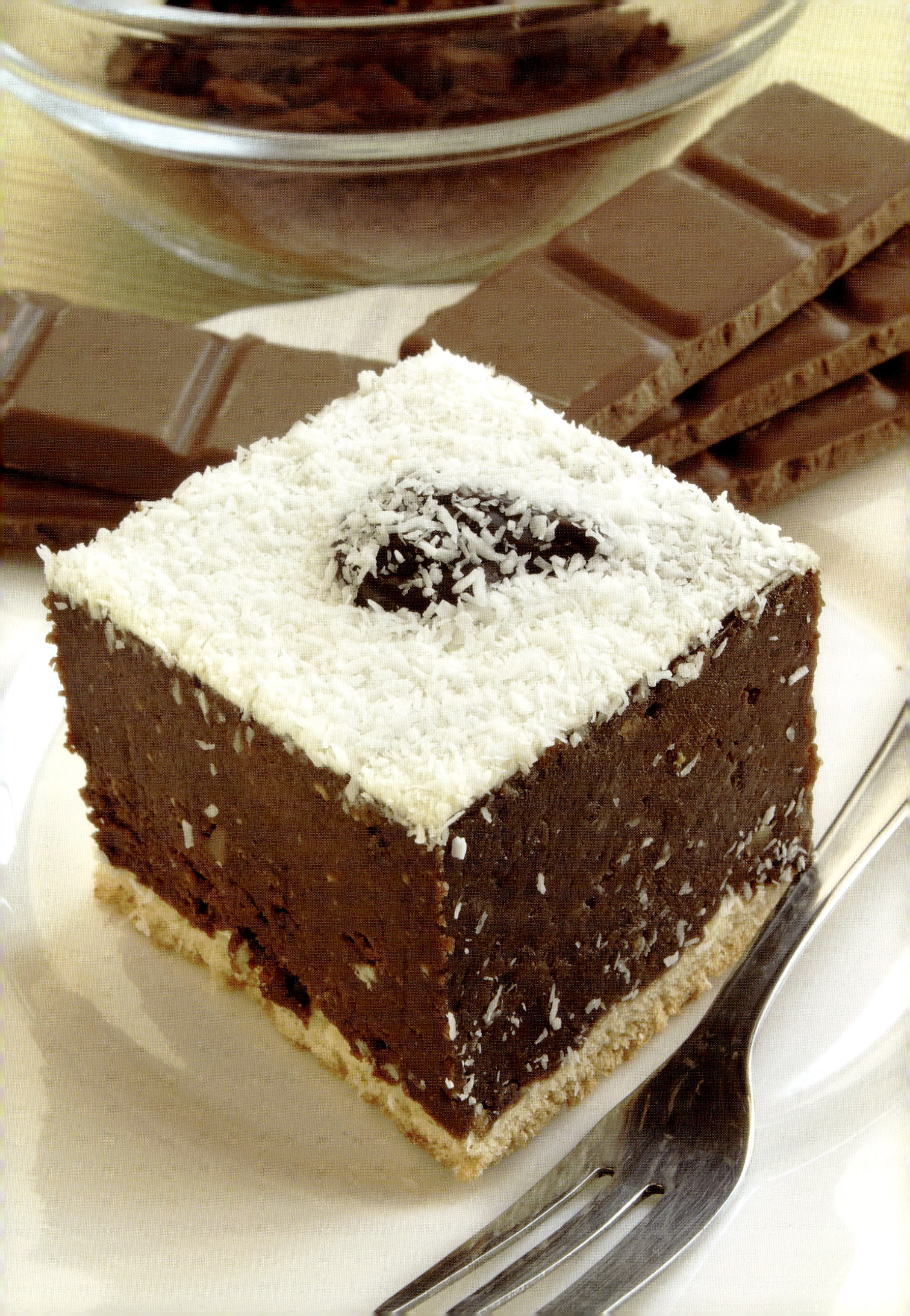

Ouriços de chocolate

Porções: 10 • Tempo de preparo: 2 horas • Dificuldade: alta

INGREDIENTES
125g de chocolate ao leite
125g de chocolate fondant
150ml de creme de leite fresco
1 colher (sopa) de açúcar
150g de biscoito champanhe ou outro
2 colheres (sopa) de rum
Pinholes
Bolinhas de chocolate
Cookies (opcional)

UTENSÍLIOS
1 tigela
1 panela
1 batedor manual
1 colher de pau
Forminhas de papel

Em uma tigela, pôr o chocolate ao leite e o fondant, ambos picados. Levar ao fogo em uma panela o creme de leite com uma colher (sopa) de açúcar. Quando o açúcar dissolver, retirar do fogo e despejar sobre os pedaços de chocolate, mexendo com um batedor manual até que derretam completamente. Acrescentar os biscoitos esfarelados, misturando bem. A seguir, deixar esfriar. Quando a massa resultante estiver fria, acrescentar o rum e misturar de novo.

Deixar a mistura na geladeira até que solidifique e depois trabalhar com uma colher de pau, em cima da mesa, até lhe dar a forma de um cilindro.

Cortar pedaços de mais ou menos 5cm e dar aspecto de ouriço, achatados na base, arredondados em uma ponta e pontudos na outra.

Para decorar, cravar os pinholes nas costas do ouriço e colocar duas bolinhas de chocolate branco no lugar dos olhos e uma bolinha vermelha no nariz.

Dica...

Esta é uma sobremesa ou lanchinho de caráter infantil, muito apropriado, por exemplo, para uma festa de aniversário. Admite muitos acompanhamentos, sempre contando com a gulodice das crianças. Podem-se colocar os ouriços em uma bandeja com cookies ou qualquer outro tipo de biscoito de que as crianças gostem.

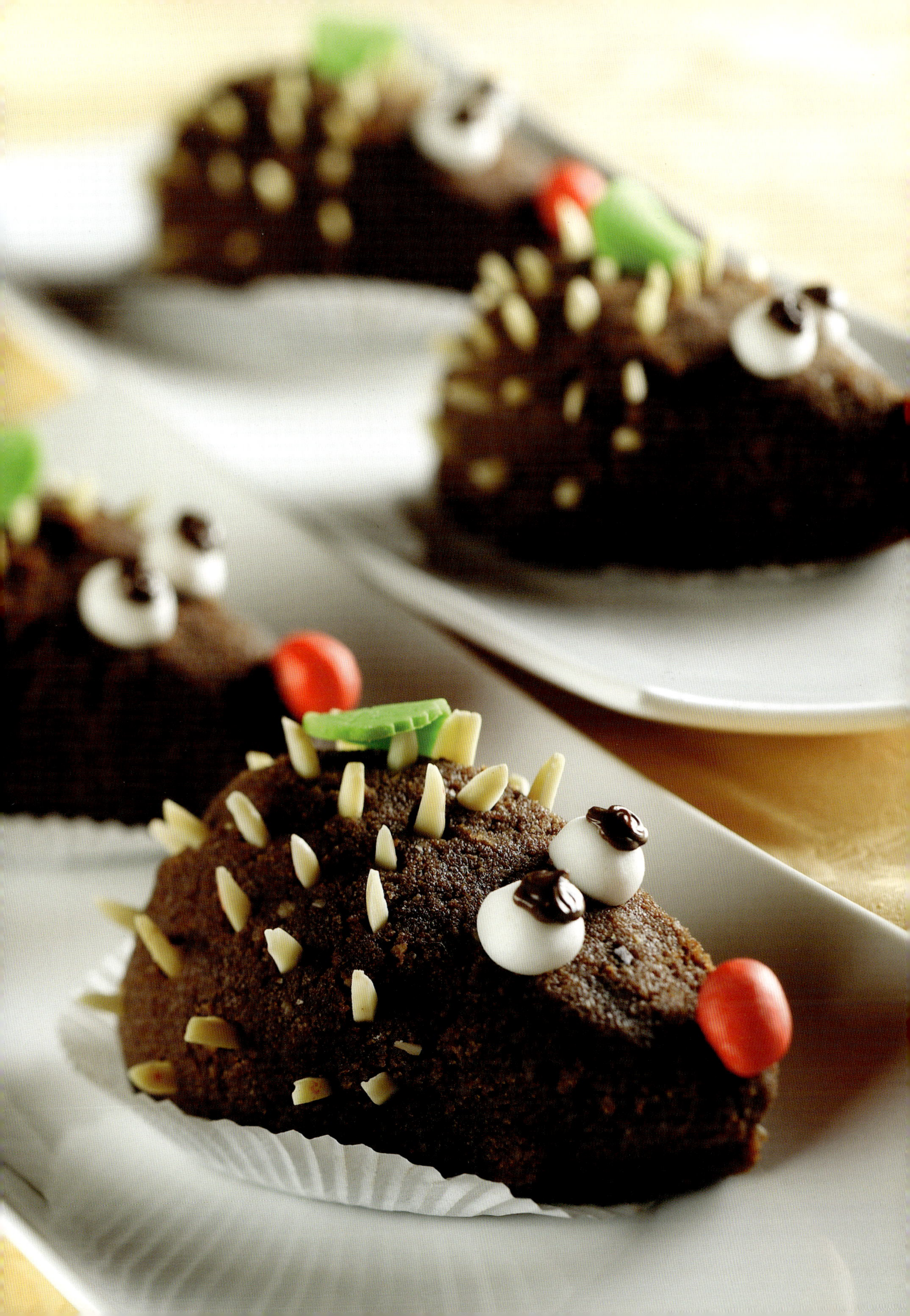

Pudim de chocolate com café

Porções: 8 • Tempo de preparo: 30 minutos • Dificuldade: baixa

Ingredientes
500ml de leite
60g de açúcar
3g de gelatina sem sabor
95g de ovo em pó (ou 2 a 3 ovos)
89g de chocolate cobertura
   66% de cacau
Caramelo líquido
Café em pó
Biscoitos

Utensílios
1 panela
1 colher de pau
1 termômetro culinário
1 coador
8 forminhas de pudim individuais

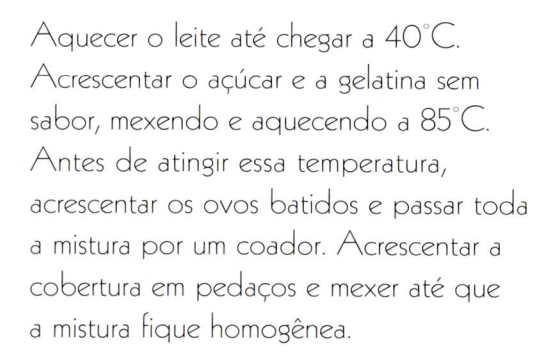

Aquecer o leite até chegar a 40°C. Acrescentar o açúcar e a gelatina sem sabor, mexendo e aquecendo a 85°C. Antes de atingir essa temperatura, acrescentar os ovos batidos e passar toda a mistura por um coador. Acrescentar a cobertura em pedaços e mexer até que a mistura fique homogênea.

Despejar em forminhas de pudim individuais previamente carameladas e levar ao forno até que, ao espetar um palito, ele saia limpo.

Desenformar com cuidado e cobrir com café em pó. Pôr um biscoito embaixo de cada pudim antes de servir.

Pode-se utilizar qualquer decoração vendida em lojas especializadas; por exemplo, triângulos de chocolate.

Dica...
Tomar cuidado para que os pudins não passem do ponto, pois assim não se teria o resultado esperado e o caramelo pode queimar, estragando o sabor e a textura do pudim.

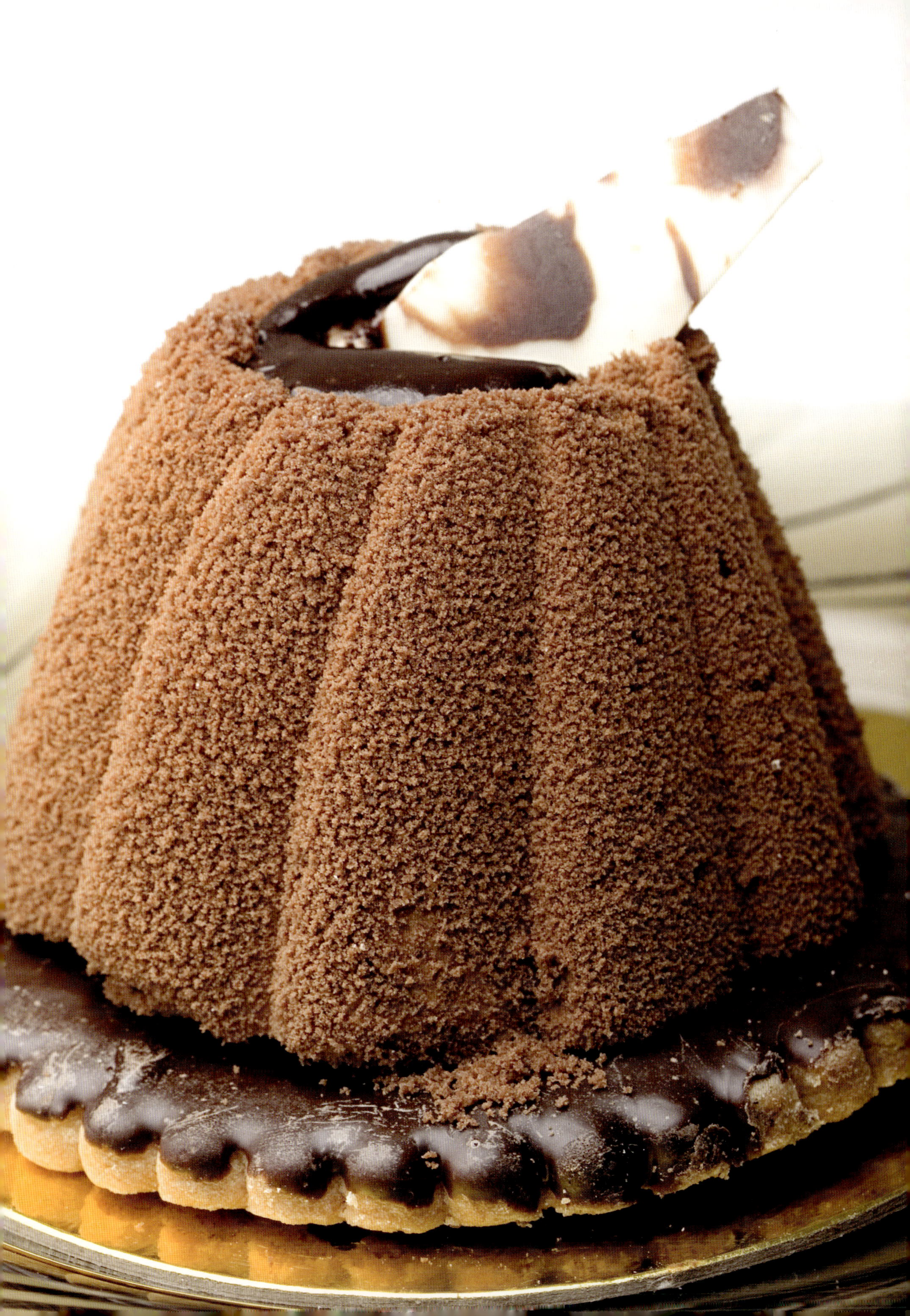

Sorvete de chocolate ao leite

Porções: 10 • Tempo de preparo: 1 hora para a elaboração e 4 horas de freezer • Dificuldade: baixa

INGREDIENTES
225g de chocolate
½ litro de leite
3 ovos
200g de açúcar
½ litro de creme de leite
1 colher (chá) de baunilha
¼ colher (café) de sal
Biscoitos
Manteiga
Creme de leite e framboesas para decorar
Cacau em pó (opcional)
Frutas secas (opcional)

UTENSÍLIOS
1 panela
1 tigela
1 batedor manual
10 forminhas

Picar o chocolate e levar, com o leite, a fogo baixo em uma panela, até derreter completamente.

Bater os ovos em uma tigela e aos poucos acrescentar o açúcar. Juntar também pouco a pouco o creme de leite, a baunilha e o sal. Acrescentar essa mistura ao chocolate derretido.

Desmanchar os biscoitos com as mãos, misturar com um pouco de manteiga e forrar as forminhas com essa massa. Isto servirá de base para o sorvete. A seguir, despejar a mistura nas forminhas e levar ao freezer por 4 horas.

Quando estiver congelado, desenformar e decorar a gosto, com creme de leite batido e framboesas frescas, por exemplo.

DICA...
Na hora de servir, pode-se polvilhar cacau em pó ou decorar com frutas secas picadas.

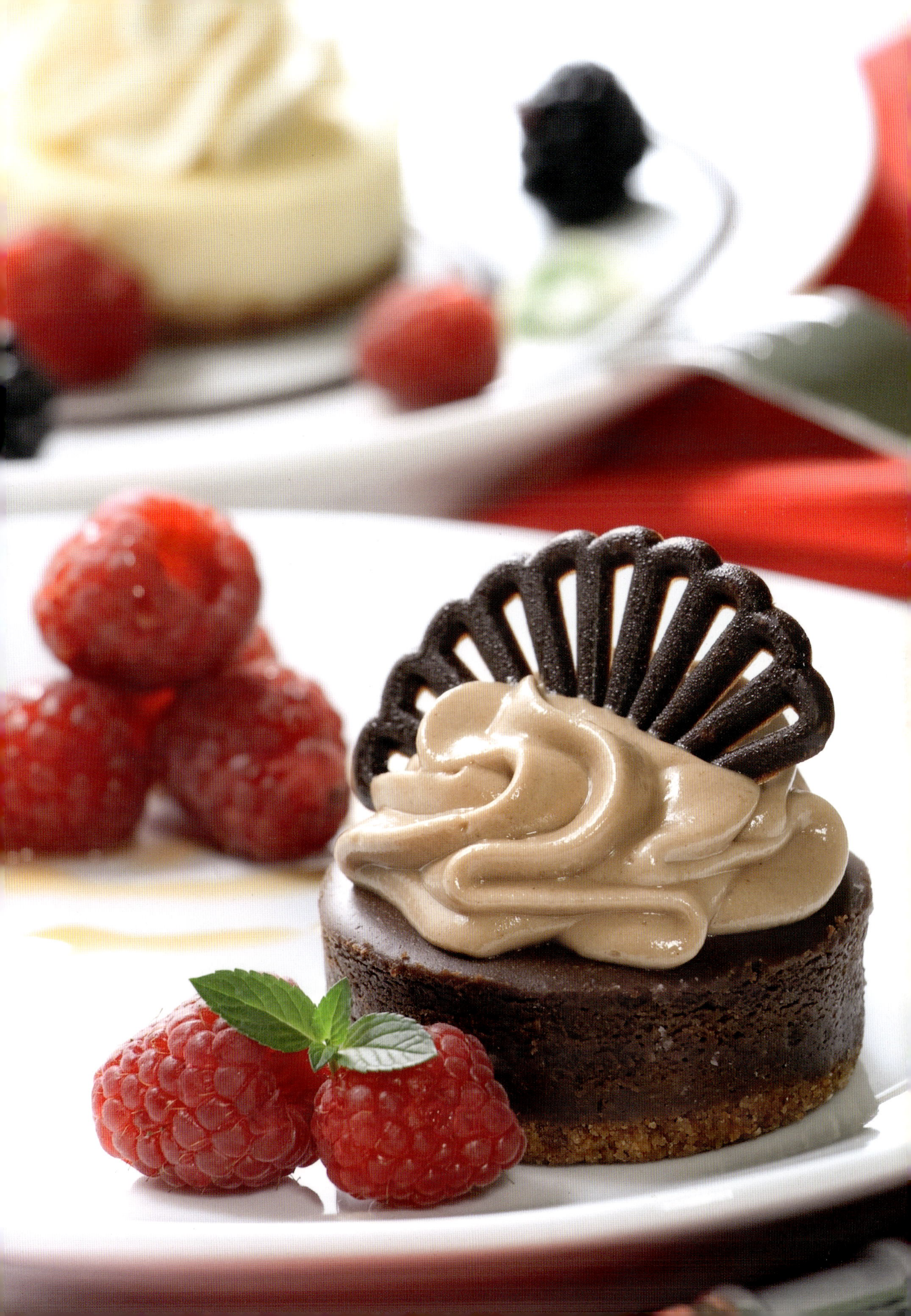

Sorvete dois chocolates

Porções: 6 • Tempo de preparo: 5 horas • Dificuldade: média

INGREDIENTES
150ml de leite
150ml de creme de leite fresco
20g de açúcar invertido
40g de açúcar de confeiteiro
3 gemas de ovo
80g de chocolate cobertura 70% de cacau
80g de chocolate cobertura 100% de cacau

UTENSÍLIOS
2 panelas
1 batedor manual
1 colher de pau
1 pote de plástico com tampa
1 vasilha
6 forminhas

DICA...

Também pode-se servir esse sorvete em taças, enchendo uma metade com o sorvete de 70% de cacau e a outra com o de 100%, para criar um efeito colorido.

Em uma panela, levar a fogo médio o leite, o creme de leite com o açúcar invertido e 1/3 do açúcar de confeiteiro. Enquanto isso, bater as gemas com o restante do açúcar até que fiquem brancas. Quando a mistura de leite e creme de leite ferver, juntá-la às gemas batidas e continuar batendo até que se misturem bem. Levar novamente para a panela.

Cozinhar no fogo baixo esse creme inglês, mexendo com uma colher de pau. Quando engrossar, retirar do fogo e juntar o chocolate cobertura 70% de cacau picado, mexendo a mistura com um batedor manual até que o chocolate derreta.

Despejar a mistura em um pote com tampa e colocar sobre uma vasilha com gelo para acelerar o esfriamento, mexendo de vez em quando para evitar que crie uma crosta em cima. Depois, tampar e levar ao freezer, tirando a cada meia hora para bater.

Para fazer o sorvete de chocolate preto, repita a operação, mas utilizando o chocolate cobertura 100% de cacau.

Colocar o sorvete em formas redondas individuais e guardar no freezer até a hora de servir.

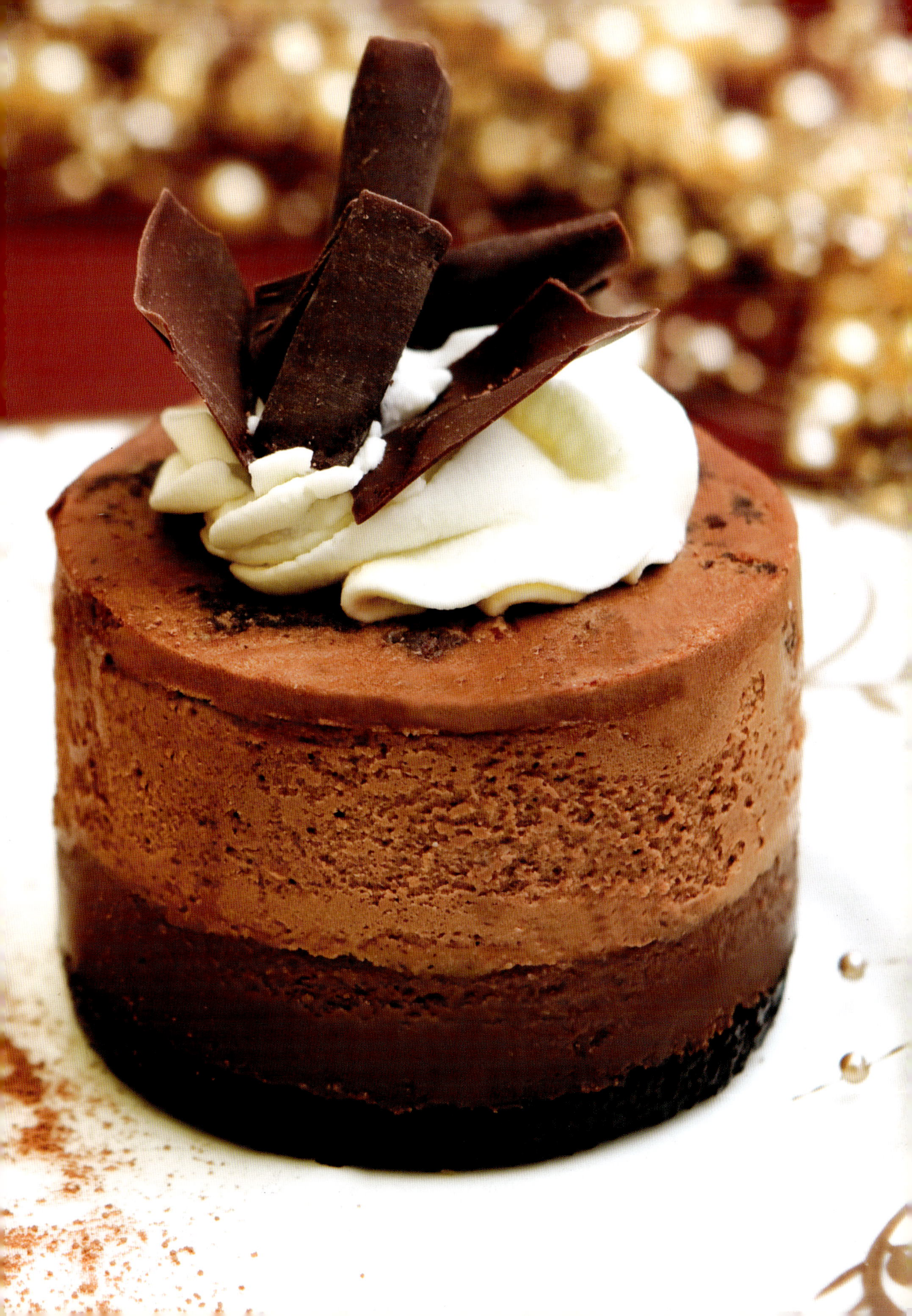

Minissorvete de chocolate ao leite

Porções: 12 • Tempo de preparo: 4 horas • Dificuldade: baixa

INGREDIENTES
100g de chocolate a gosto
1,25 litro de leite quente
3 gemas
2 colheres (sopa) de fécula de milho
400g de açúcar
5 litros de creme de leite
3 claras
Mirtilos e folhas de hortelã para decorar

UTENSÍLIOS
2 panelas
1 colher de pau
2 tigelas
1 batedor manual
Formas redondas de plástico

Cortar o chocolate em pedaços e dissolver no leite quente. Em uma panela, colocar as gemas, a fécula e 300g de açúcar e misturar bem. Acrescentar o leite com chocolate dissolvido e só então levar ao fogo, mexendo sempre até engrossar. Retirar do fogo e deixar esfriar bem.

Bater o creme de leite até que fique firme e juntar à mistura anterior. Bater as claras com o açúcar restante até atingir o ponto de merengue firme. De forma envolvente, juntar o creme ao merengue, com movimentos suaves para evitar que perca a consistência.

Despejar o resultado nas formas e levar ao freezer até obter o ponto de sorvete.

DICA...

Todos os sorvetes, quando são levados ao freezer, precisam ser mexidos de vez em quando, para que obtenham a cremosidade esperada e não fiquem muito duros.

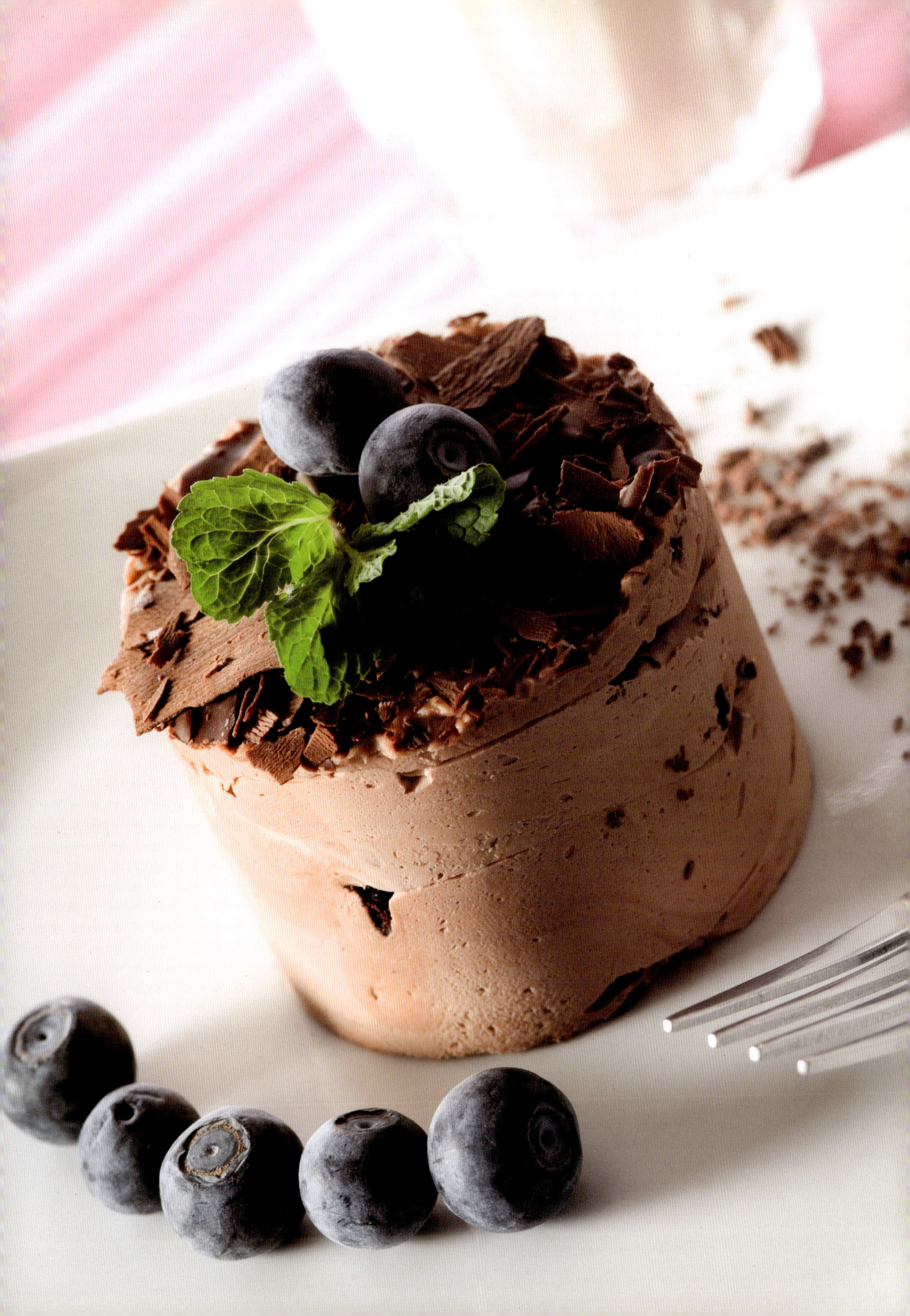

Torta de chocolate com calda de frutas silvestres

Porções: 10 • Tempo de preparo: 2 horas • Dificuldade: média-alta

INGREDIENTES
Biscoitos de chocolate
Manteiga
Creme ou sorvete de baunilha

PARA A CALDA DE FRUTAS
250ml de água
250g de açúcar
25g de frutas silvestres

PARA O RECHEIO
250g de chocolate 100% de cacau
150g de chocolate branco
100g de manteiga
100g de açúcar
3 ovos
4 gemas

UTENSÍLIOS
1 forma redonda de aro destacável
1 panela
Triturador ou batedeira
1 panela e 1 vasilha refratária para o banho-maria
1 tigela
1 colher de sorvete

Moer os biscoitos e misturar com a manteiga. Forrar o fundo e a lateral da forma com essa mistura.

Aquecer 250ml de água com o açúcar. Acrescentar as frutas silvestres e, depois que ferver, cozinhar em fogo baixo por 4 minutos. Triturar o conteúdo e reservar. Cortar 150g de chocolate e levar ao fogo em banho-maria junto com o chocolate branco e 100g de manteiga. Deixar esfriar um pouco.

Bater o açúcar com os ovos e as gemas durante 10 minutos. Acrescentar pouco a pouco, e sem parar de bater, a mistura de chocolates.

Ralar o chocolate amargo restante, espalhando-o sobre a base da torta, e despejar em cima o creme preparado. Assar por 10 minutos e levar ao refrigerador.

Servir acompanhada da calda de frutas silvestres e do sorvete de baunilha.

DICA...

As frutas silvestres devem ser frescas e ter muito boa aparência, pois seu frescor dará sabor melhor à sobremesa.

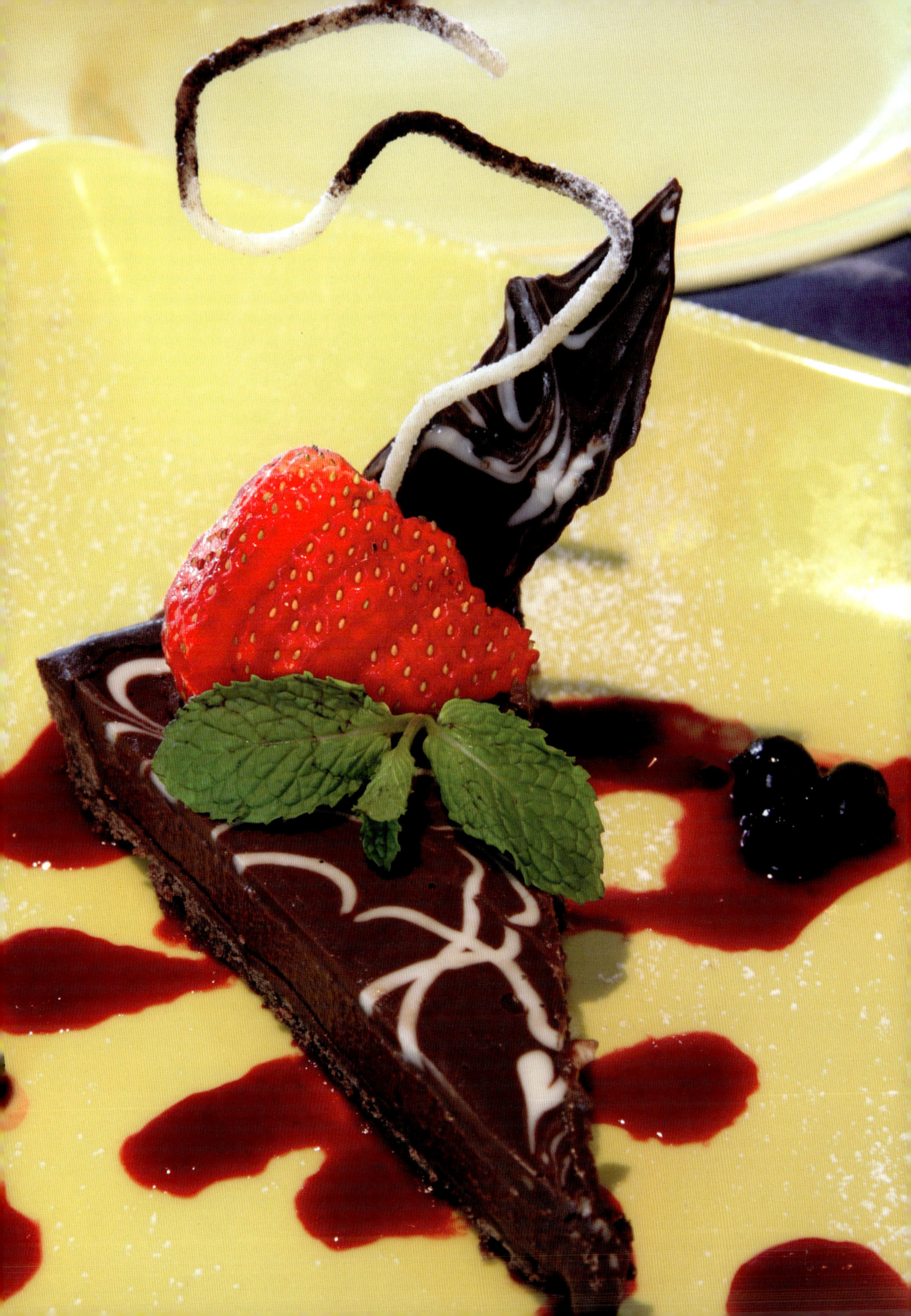

Triângulos de chocolate

Porções: 24 • Tempo de preparo: 1 hora para a elaboração e de 2 a 4 horas de geladeira • Dificuldade: média

Ingredientes
Óleo para untar a forma
600g de chocolate branco
375g de leite condensado
1 colher (chá) de essência de baunilha
1 colher (chá) de suco de limão
1 pitada de sal
175g de avelãs
175g de chocolate preto
40g de manteiga sem sal

Utensílios
1 forma quadrada
Papel-alumínio
2 panelas
1 travessa
1 grade

Forrar uma forma quadrada com papel-alumínio untado de óleo.

Derreter o chocolate branco com o leite condensado até obter uma massa cremosa. Acrescentar a essência de baunilha, o suco de limão e o sal, e juntar as frutas secas. Espalhar metade da mistura em uma travessa e deixar esfriar na geladeira por 15 minutos.

Derreter o chocolate preto com a manteiga. Uma vez frio, despejar sobre a massa de chocolate branco e deixar que tudo esfrie na geladeira por mais 15 minutos.

Reaquecer a mistura de chocolate branco e despejar por cima da camada de chocolate preto quando ela já estiver firme. Nivelar a superfície e deixar esfriar na geladeira de 2 a 4 horas, até que solidifique.

Cobrir com papel-alumínio e virar sobre uma grade. Cortar em 24 porções quadradas. A seguir, cortar de novo na diagonal, formando 48 triângulos. Banhar os triângulos em chocolate e guardar na geladeira até que a cobertura se solidifique.

Dica...
Os triângulos também podem ser decorados com chocolate branco, para dar outra aparência à sobremesa.

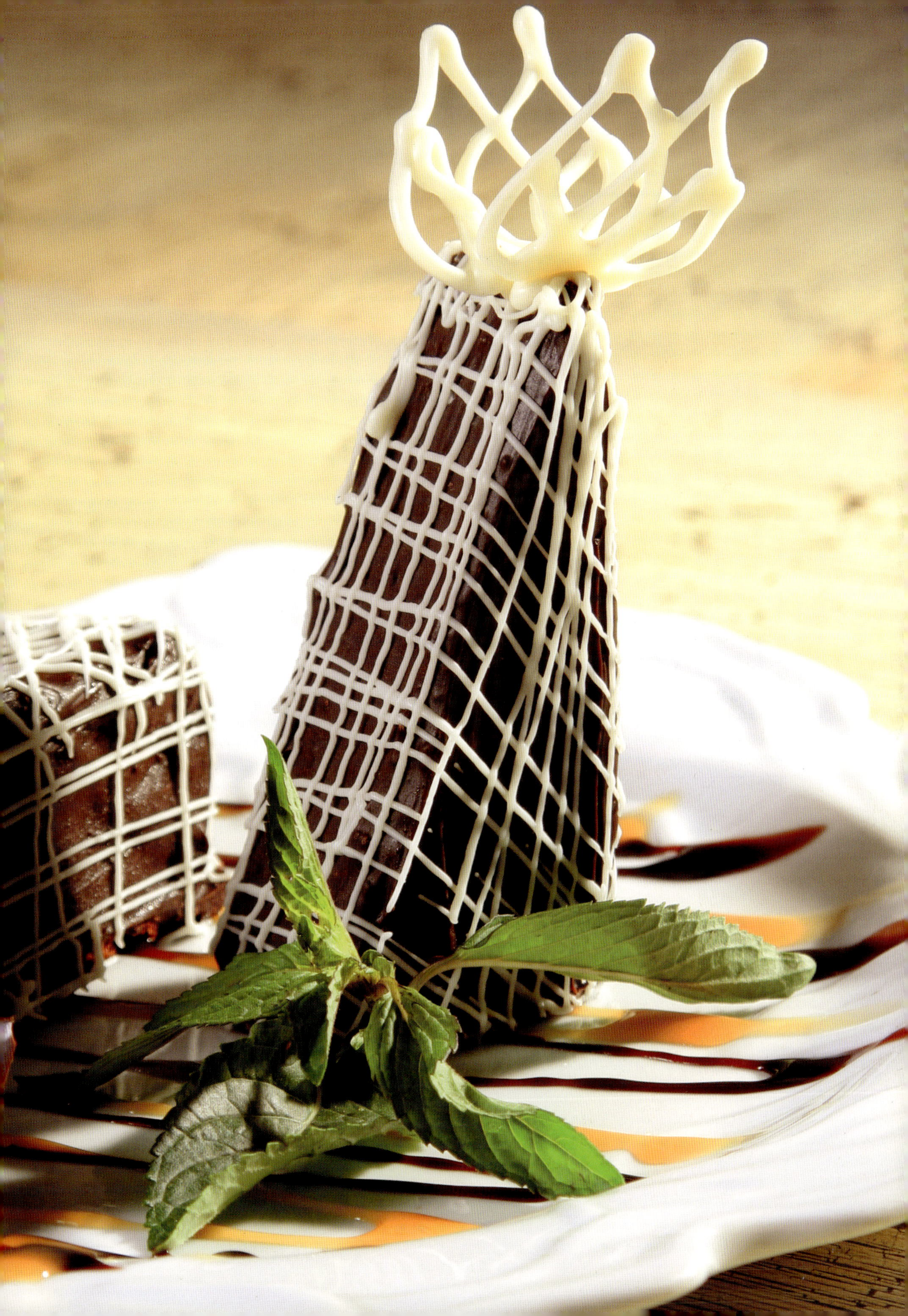

Bolo de dois chocolates

Porções: 8 • Tempo de preparo: 2 horas • Dificuldade: média

INGREDIENTES
200g de manteiga, mais um pouco para untar a forma
250g de farinha de trigo, mais um pouco para polvilhar a forma
200g de açúcar
250g de chocolate para culinária
2 colheres (sopa) de leite
2 ovos
1 envelope de fermento em pó (10g)
100g de chocolate branco em pó

UTENSÍLIOS
1 forma redonda
2 tigelas
1 batedor manual
1 panela

Untar com manteiga uma forma redonda e polvilhar com farinha.

Em uma tigela, bater a manteiga com o açúcar até obter uma mistura porosa. A seguir, derreter 250g de chocolate com o leite e juntar à mistura anterior. Acrescentar as gemas e a farinha já misturada com o fermento. Depois que se obtiver uma mistura homogênea, acrescentar as claras batidas em neve, mexendo lentamente até conseguir uma mistura leve e porosa, como uma espuma.

Despejar na forma e assar no forno à temperatura moderada.

Depois de assado, retirar do forno e esperar esfriar antes de partir ao meio no sentido horizontal para rechear e cobrir com um creme de chocolate branco.

DICA...

Os ovos caipiras, procedentes de galinhas criadas em liberdade, têm gema de cor mais vibrante e suas claras ficam firmes com mais facilidade ao ser batidas.

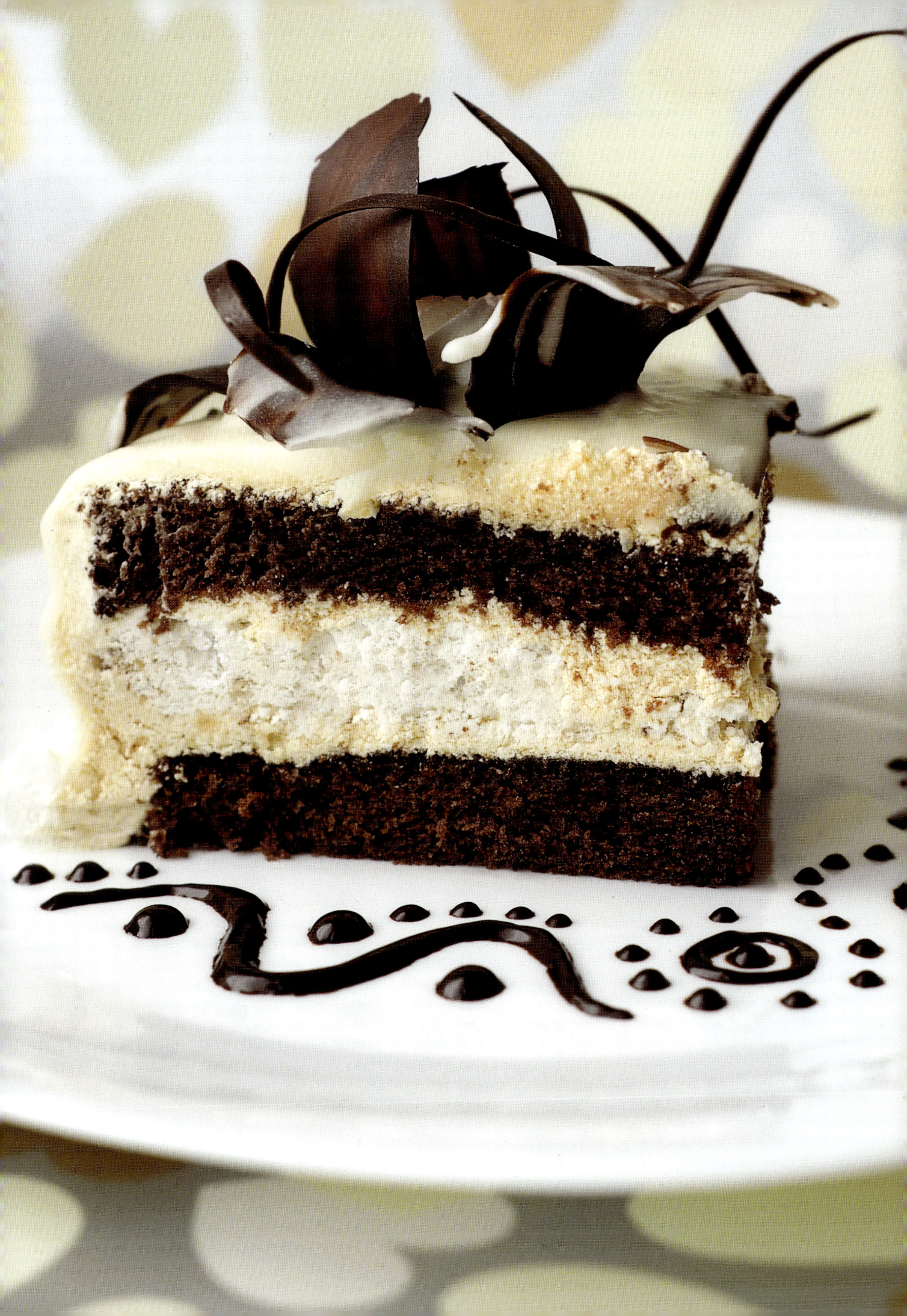

Tulipas com espuma de chocolate

Porções: 8 • Tempo de preparo: 30 minutos • Dificuldade: baixa

INGREDIENTES
125g de chocolate 70% de cacau
100g de claras de ovo
20g de açúcar
75g de manteiga
2 gemas de ovo
8 tulipas de chocolate
Morangos (opcional)
Flores e folhas decorativas (opcional)

UTENSÍLIOS
1 panela e 1 vasilha refratária para o banho-maria
1 tigela
1 batedor manual
1 espátula de madeira

Picar o chocolate e aquecer em banho-maria até que derreta, mexendo de vez em quando com uma espátula de madeira.

Bater as claras em neve e acrescentar o açúcar para obter um merengue.

Misturar a manteiga com o chocolate ainda quente e acrescentar as gemas de ovo. Despejar as claras batidas (reservando um pouco) e misturar tudo até que os componentes se integrem.

Acrescentar o restante das claras com muito cuidado para que não percam consistência. Colocar a mistura dentro das tulipas e deixar esfriar na geladeira até a hora de servir.

DICA...

As tulipas de biju e de chocolate podem ser compradas em lojas especializadas em produtos de confeitaria. Mas é possível usar qualquer tipo de forma para variar a apresentação, por exemplo, flores e frutas.

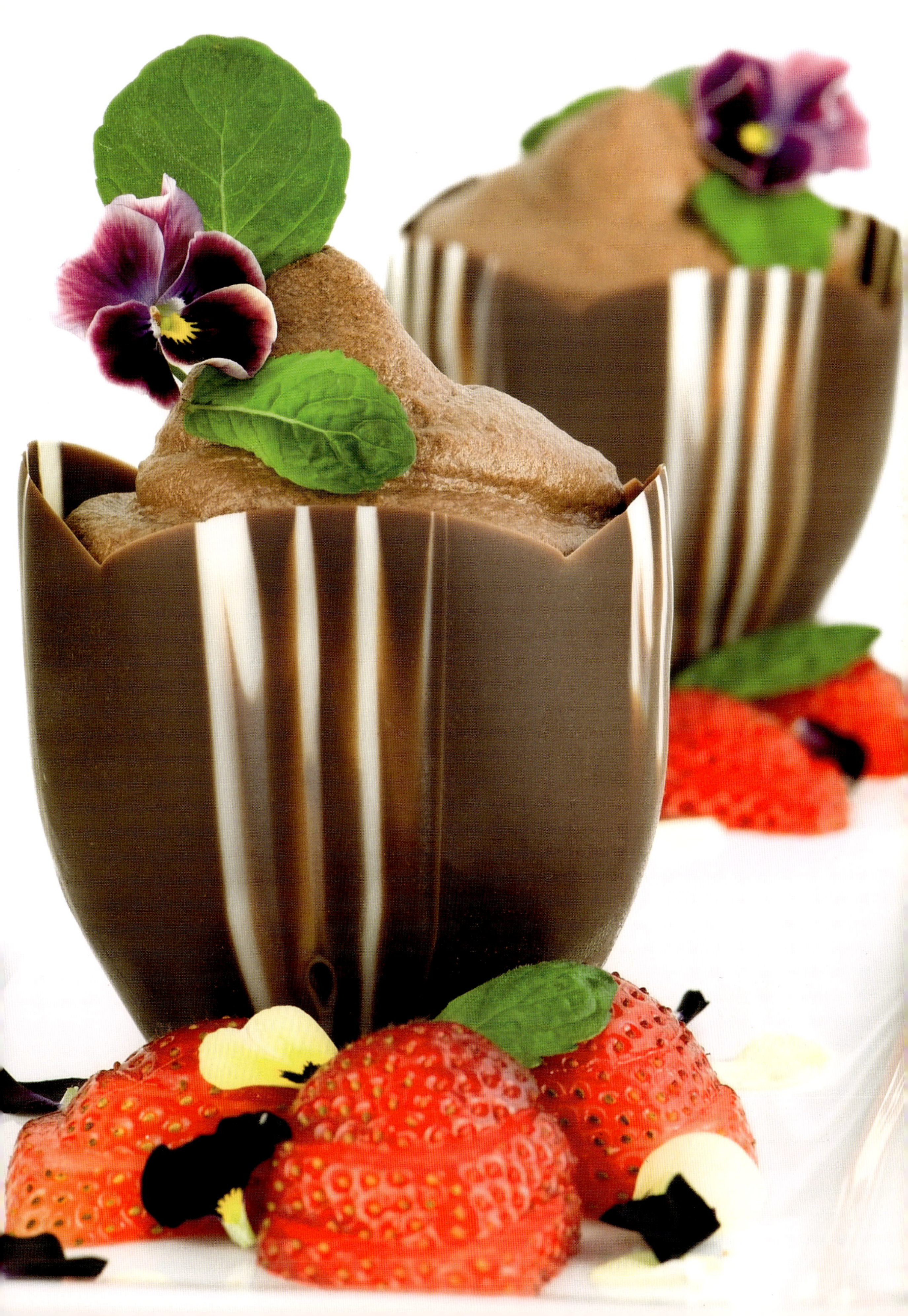

Vulcão com frutas silvestres

Porções: 8 • Tempo de preparo: 1 hora para a elaboração e 24 horas de repouso no freezer • Dificuldade: média-alta

INGREDIENTES
250g de chocolate 60% de cacau
250g de manteiga
5 ovos
75g de açúcar
125g de farinha de trigo
Frutas silvestres variadas (morangos, amoras, framboesas, mirtilos, groselhas etc.)

UTENSÍLIOS
1 panela
1 tigela
Batedeira
8 forminhas de pudim individuais
Filme de PVC
1 prato

Derreter a manteiga com o chocolate picado. Bater os ovos com o açúcar e acrescentar o chocolate derretido e a farinha, batendo com a batedeira. Quando a mistura ficar homogênea, acrescentar as frutas silvestres, mas não todas; reservar algumas para a decoração (as que tiverem melhor aparência). Despejar a mistura em forminhas de pudim individuais.

Levar as forminhas ao freezer cobertas com filme de PVC e deixar gelar por no mínimo 24 horas.

Antes de servir, preaquecer o forno (coisa muito importante) a uma temperatura entre 180°C e 200°C e assar os pudins por 10 minutos. Desenformar em um prato e decorar com as frutas reservadas.

DICA...
Os pequenos vulcões podem ser acompanhados de uma bola de sorvete de amora ou de chocolate branco, sabores que combinam bem.

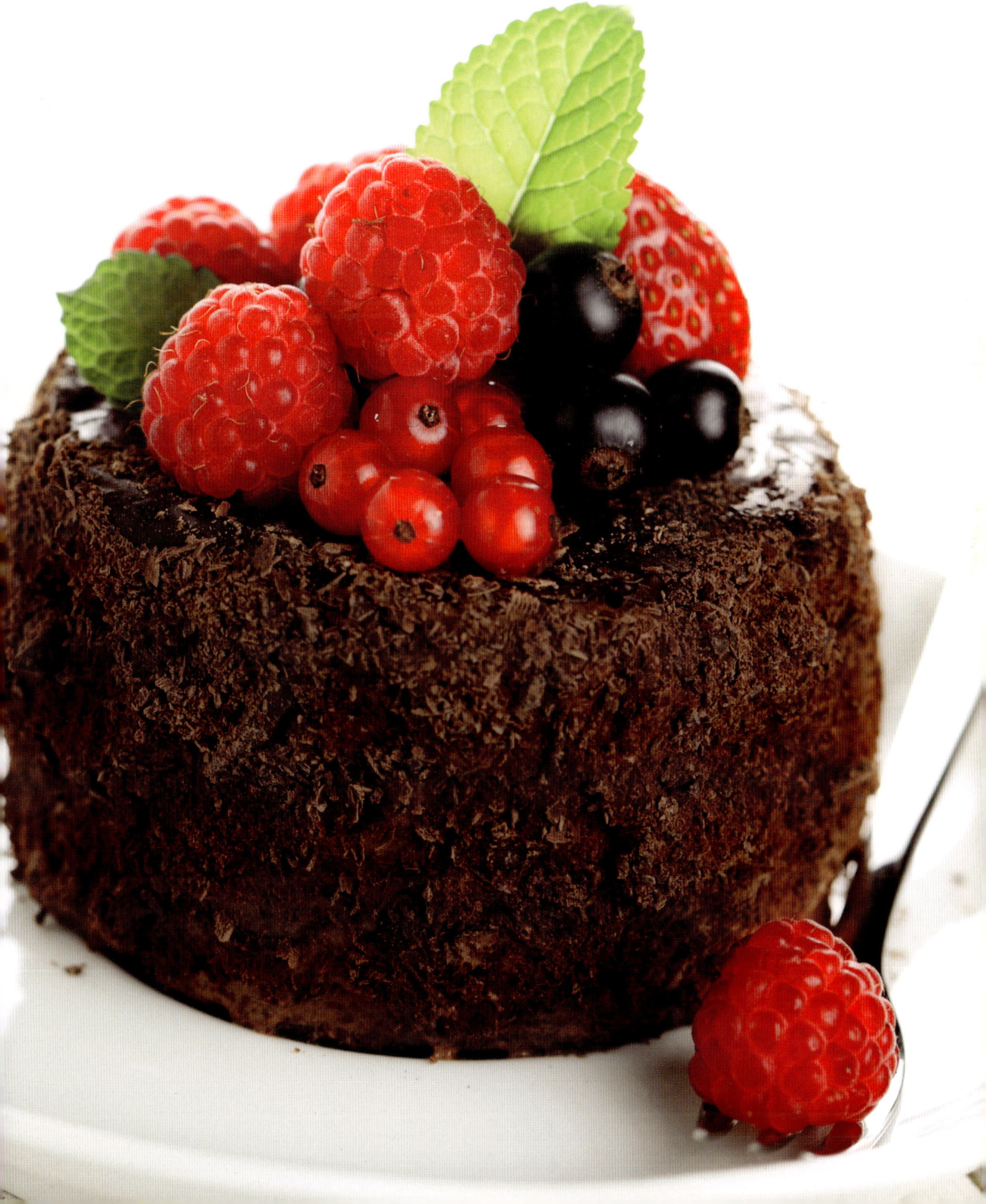

Vulcão de chocolate com sorvete

Porções: 8 • Tempo de preparo: 2 horas • Dificuldade: média

Ingredientes
300g de mistura para chocolate quente
200g de manteiga, mais um pouco para untar as formas
1 litro de creme de leite
100g de açúcar
4 ovos
1 colher (sopa) de essência de baunilha
80g de farinha de trigo
Folhas de hortelã para decorar

Utensílios
1 panela e 1 vasilha refratária para o banho-maria
8 forminhas
1 tigela
1 batedor manual

Derreter em banho-maria o chocolate, a manteiga e o creme de leite. Acrescentar o açúcar enquanto a mistura ainda estiver morna, para que dissolva melhor.

Quando a mistura estiver em temperatura ambiente, acrescentar os ovos, a essência de baunilha e a farinha e mexer tudo até obter uma massa homogênea.

Untar com manteiga as forminhas de pudim (de uns 10cm de diâmetro), despejar nelas a mistura e levar ao forno durante cerca de 17-19 minutos.

Retirar do forno quando ainda parecerem crus, pois vão acabar de cozinhar com o calor que guardam, em um processo que se chama "cocção passiva".

Dica...
Pode-se servi-los com uma bolinha de sorvete. Combinam muito bem e ganham um toque saboroso. Se forem usados sorvetes de diferentes sabores e cores, a apresentação fica mais requintada.

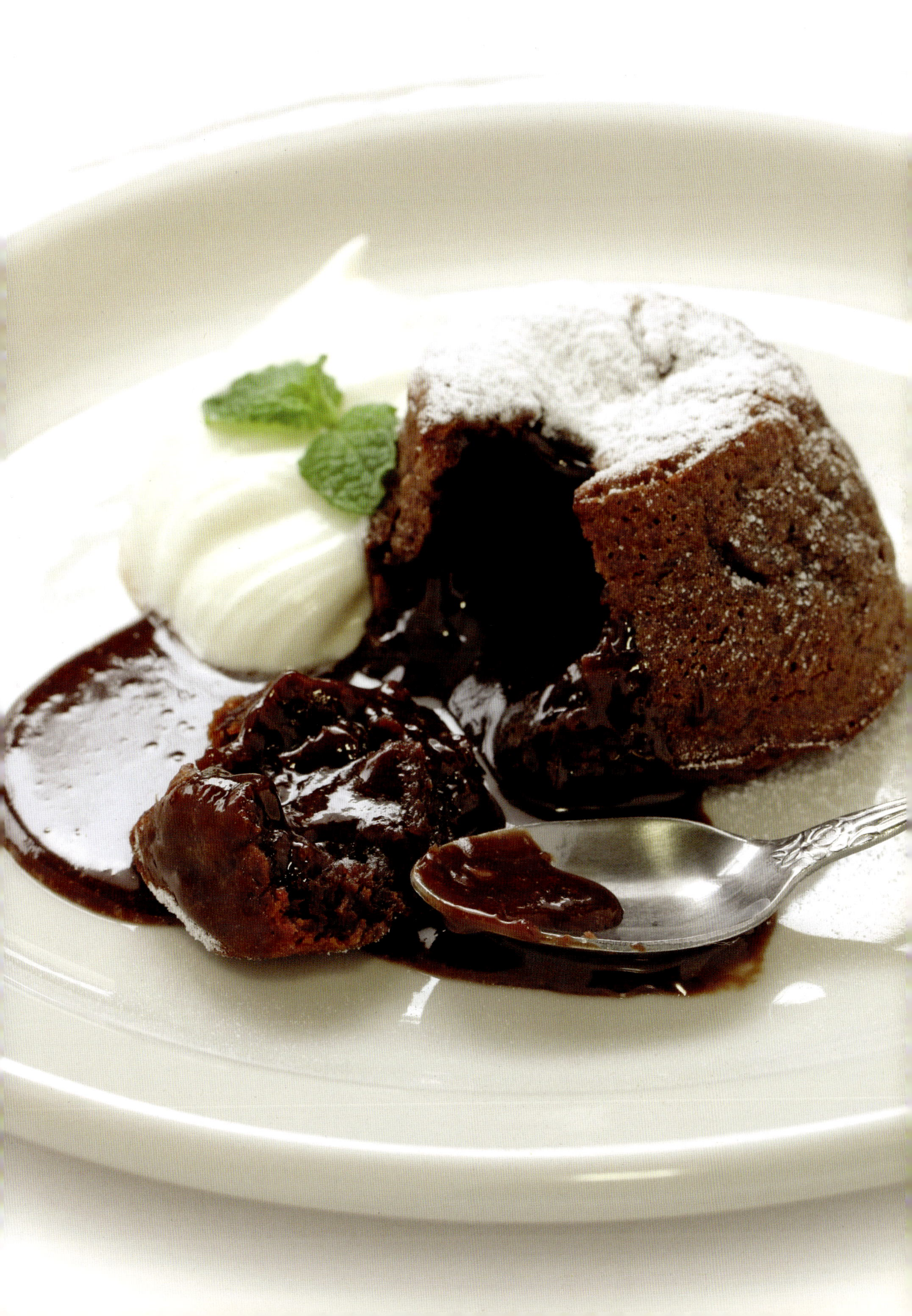

Bolos e tortas

A representação por excelência da sobremesa e da celebração é o bolo e, provavelmente, o mais universal é o bolo de chocolate, sendo a rainha a torta Sacher. Um pequeno mundo de texturas e sabores combinados.

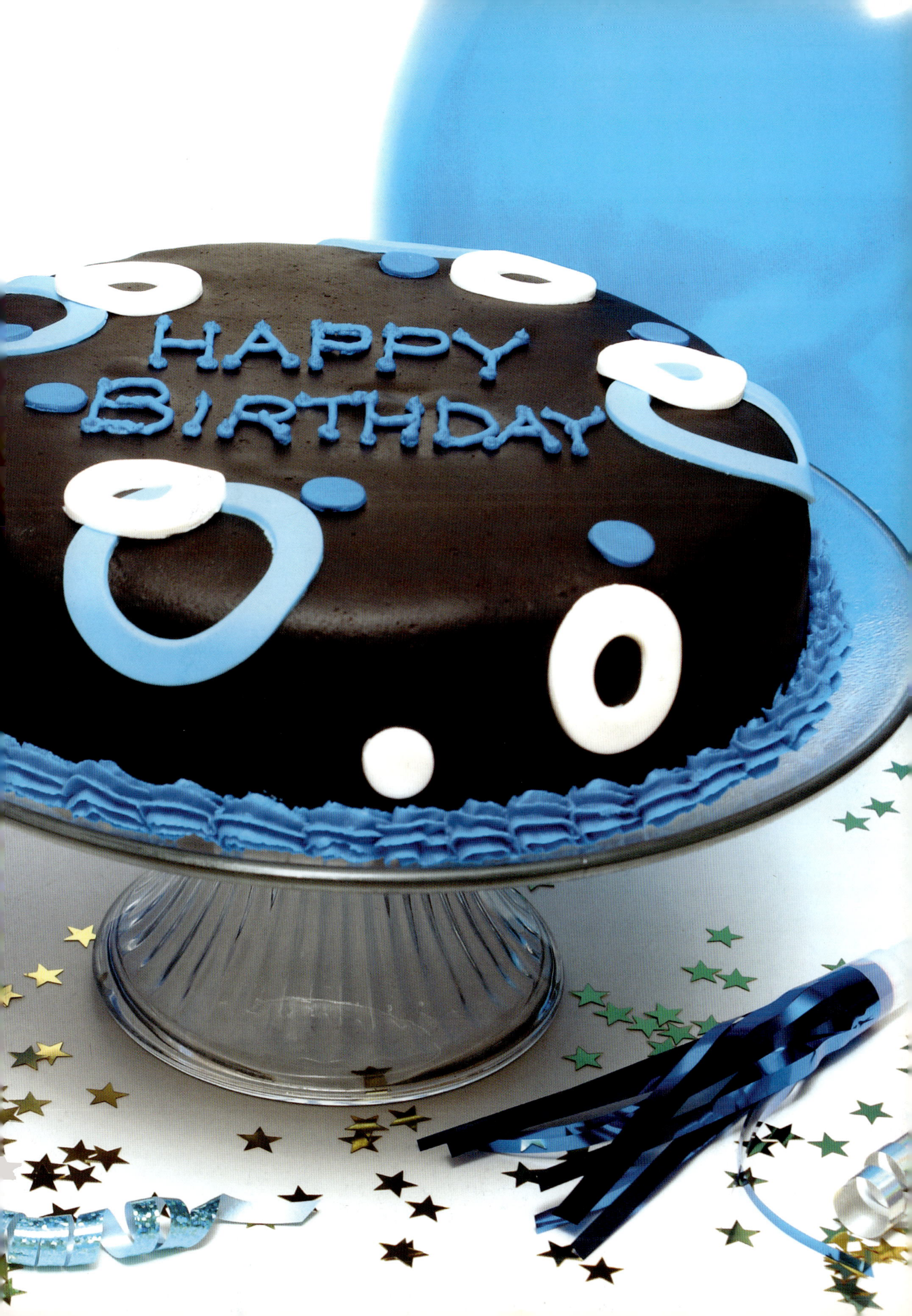
HAPPY
BIRTHDAY

Ingredientes

600g de sorvete de chocolate branco
600g de sorvete de chocolate ao leite
2 discos de bolo de chocolate
7 ou 8 claras de ovo
1 pitada de sal
8 colheres (sopa) de açúcar
Conhaque ou rum

Utensílios

1 travessa refratária
1 tigela
1 batedor manual
Maçarico de culinária ou grill

Colocar um disco de bolo na base da travessa e cobrir com o sorvete, pondo primeiro o de chocolate branco e depois o de chocolate ao leite. Cobrir com o segundo disco de bolo. Em uma tigela à parte, bater as claras em neve acrescentando, no início, uma pitada de sal. Quando estiverem quase firmes, adicionar um pouco de açúcar e continuar batendo.

Quando estiverem firmes, colocar por cima do sorvete, polvilhando com açúcar, e queimar com um maçarico. Se não dispuser desse utensílio, levar ao forno com o grill aceso, para que o calor doure um pouco da cobertura.

Manter a torta na geladeira até a hora de servir. Ela deve ficar suficientemente gelada para que o sorvete não derreta, mas também não fique duro. A textura interna deve ser cremosa.

Dica...

Para dar um toque de sabor diferente, pode-se acrescentar um pouco de licor e flambar antes de servir. Para isso, é preciso regar a torta com licor e pôr fogo. Desse modo, o álcool evapora, mas o aroma permanece no doce. O licor mais comum para flambar esta sobremesa é o brandy. O conhaque, o uísque ou o rum também são indicados, pois acendem bem. Também é possível fazer isso com licores doces, como o de cereja.

Torta Alasca

Porções: 6 • Tempo de preparo: 30 minutos • Dificuldade: baixa

Ingredientes
6 ovos
200g de farinha de trigo
50g de cacau em pó
1 envelope de fermento em pó (10g)
Um pouco de canela em pó
250g de manteiga, mais um pouco para untar a forma
250g de açúcar (de preferência demerara)

Para a cobertura de chocolate
250g de manteiga
200g de açúcar de confeiteiro
50g de cacau em pó

Utensílios
4 tigelas
1 colher de pau
1 forma de bolo
1 panela

Bater os ovos em uma tigela e, em outra, juntar a farinha, o cacau, o fermento e a canela. Em uma terceira tigela, misturar o açúcar e a manteiga e mexer bem até que fique uma massa cremosa. Ir acrescentando a esse creme, aos poucos, uma colher (sopa) da mistura de farinha e outra da dos ovos, batendo sempre, até que tudo esteja integrado.

Transferir a mistura para uma forma previamente untada com manteiga e assar por 25 minutos a 170°C. Desenformar o bolo e deixar esfriar.

Para a cobertura

Pôr a manteiga em uma panela e aquecer em fogo baixo até que derreta.

Juntar o açúcar de confeiteiro e o cacau em uma tigela e fazer uma cova no centro. Despejar nela a manteiga derretida, batendo vigorosamente durante 2 minutos com uma colher de pau.

Espalhar a cobertura sobre o bolo e deixar descansar por 2 horas. Decorar a gosto.

Dica...
Para dar cor, pode-se enfeitar o bolo com confeitos coloridos em forma de flor, coração etc.

Bolo brilhante de chocolate com confeitos coloridos

Porções: 12 • Tempo de preparo: 1 hora para a elaboração e 2 horas de repouso • Dificuldade: média-alta

Ingredientes
250g de açúcar
250g de manteiga, mais um pouco para untar a forma
6 ovos
200g de farinha de trigo, mais um pouco para polvilhar a forma
50g de cacau em pó
1 envelope de fermento em pó (10g)
Um pouco de canela
Meias-luas de chocolate

Para a cobertura de chocolate
250g de manteiga
200g de açúcar de confeiteiro
50g de cacau em pó

Utensílios
1 batedor manual
2 tigelas
1 forma de bolo
1 panela
1 colher de pau

Fazer um creme batendo o açúcar com a manteiga até que fique uma massa esbranquiçada. Acrescentar a essa massa os ovos, um a um. Juntar depois a farinha, o cacau, o fermento e a canela e misturar tudo até obter uma massa uniforme e sem grumos.

Despejar a mistura em uma forma previamente untada com um pouco de manteiga e polvilhada com farinha. Levar ao forno a uma altura mediana e a uma temperatura de 160°C a 170°C.

O tempo de cozimento é de cerca de 25 minutos. Conferir se o bolo está assado espetando um palito ou a ponta de uma faca. Têm que sair limpos.

Desenformar o bolo e deixar esfriar. Enquanto isso, fazer a cobertura de chocolate derretendo primeiro a manteiga em uma panela, em fogo baixo. Juntar o açúcar de confeiteiro e o cacau em uma tigela e fazer uma cova no centro; despejar nela a manteiga derretida e mexer com uma colher de pau durante 2 minutos, até que os ingredientes estejam bem misturados. Espalhar a cobertura por todo o bolo. Deixar descansar por 2 horas antes de servir.

Enfeitar com meias-luas de chocolate, vendidas em lojas especializadas em produtos de confeitaria.

Dica...
Em vez de usar uma cobertura, pode-se dividir o bolo ao meio e rechear com morangos e creme de leite batido, com geleia de framboesas ou até mesmo com creme de chocolate.

Bolo com luas de chocolate

Porções: 6 • Tempo de preparo: 1 hora para a elaboração e 2 horas de repouso
• Dificuldade: baixa

Ingredientes

3 copos de leite
300g de açúcar
125g de manteiga
300g de chocolate 100% de cacau
7 ovos
125g de farinha de trigo
Um pouco de Cointreau
1 colher (sopa) de fermento em pó
1 pitada de baunilha em pó

Utensílios

1 panela de fundo duplo
1 colher de pau
1 peneira ou coador fino
1 batedor manual
1 forma de bolo

Preaquecer o forno a 175°C. Colocar em uma panela de fundo duplo duas partes do leite, duas do açúcar, a manteiga e o chocolate, reservando uma colher de açúcar, outra de manteiga e duas partes do chocolate para a cobertura. Levar a panela a fogo baixo, mexendo até obter uma mistura homogênea.

Retirar do fogo, juntar as gemas e a farinha (previamente peneirada) junto com o fermento. Mexer novamente e deixar descansar até que amorne. Acrescentar as claras batidas em neve, integrando-as à massa com movimentos suaves.

Despejar a mistura em uma forma média e levar ao forno por 30 minutos.

Quando o bolo estiver assado, deixar esfriar para desenformar.

Para a cobertura

Preparar o banho de chocolate diluindo, em fogo baixo, o açúcar e o chocolate restante. Acrescentar uma colher (sopa) de manteiga, o Cointreau e a baunilha. Espalhar a cobertura sobre o bolo sem deixar endurecer.

Dica...

A decoração pode ser feita com frutas secas ou cereais, se o bolo for consumido por crianças.

Bolo de chocolate

Porções: 8 • Tempo de preparo: 2 horas • Dificuldade: média

INGREDIENTES
150g de chocolate branco
60g de manteiga
2 colheres (sopa) de leite
3 colheres (sopa) de creme de leite
2 ovos
1 colher (sopa) de açúcar
1 colher (sopa) de farinha
1 tablete de chocolate 100% de cacau

UTENSÍLIOS
2 tigelas
1 colher de pau
1 forma de bolo

Em uma tigela, juntar o chocolate branco, a manteiga, o leite e o creme de leite. Derreter tudo no micro-ondas ou em fogo baixo.

Enquanto derrete, em outra tigela bater as claras com uma colher de açúcar, até formar um merengue. Acrescentar as gemas e a farinha e continuar batendo até obter uma massa homogênea e sem grumos.

Quando o chocolate estiver derretido, adicioná-lo à mistura batendo energicamente até ficar pastosa. Colocar a massa em uma forma e assar por cerca de 10-12 minutos, em temperatura média.

Para a cobertura, raspar o chocolate preto até obter o necessário para cobrir todo o bolo.

A aparência deve ser de lascas de chocolate escuro em contraste com o branco do bolo.

DICA...

As bolinhas de chocolate das laterais e os triângulos de chocolate branco para a decoração devem ser comprados em lojas especializadas em produtos de confeitaria.

Bolo de chocolate branco

Porções: 8 • Tempo de preparo: 45 minutos • Dificuldade: média

Ingredientes

1 tablete de chocolate com cereais
1 iogurte natural
3 ovos
150g de farinha de trigo
1 envelope de fermento em pó (10g)
100g de açúcar
2 colheres (sopa) de óleo
(Manteiga para untar a forma)

1 tablete de chocolate 100% de cacau

Utensílios

1 tigela
1 batedor manual
1 peneira ou coador fino
1 forma redonda
1 panela

Derreter o chocolate no micro-ondas e depois usar um batedor manual, acrescentando o iogurte e os ovos.

Adicionar a farinha e o fermento peneirados e continuar batendo até obter uma massa homogênea, acrescentando também o açúcar e o óleo.

Com uma colher de pau, mexer a massa de cima para baixo até que os ingredientes se integrem. Colocar a mistura em uma forma previamente untada e assar por 40 minutos a 180°C.

Para fazer a cobertura, pôr na panela o tablete de chocolate puro e derreter em fogo baixo.

Uma vez derretido, cobrir com ele o bolo já assado, que deve ficar na geladeira até a hora de servir.

Dica...

As frutas secas ou cereais podem ser preparados em calda de açúcar queimado, para que deem um sabor mais doce ao bolo.

Bolo de chocolate com frutas secas

Porções: 10 • Tempo de preparo: 1 hora • Dificuldade: média

Bolo de chocolate e café

Porções: 8 • Tempo de preparo: 1 hora • Dificuldade: média

Ingredientes
150g de manteiga, mais um pouco para untar a forma
150g de chocolate 70% de cacau
6 ovos
250g de açúcar
1 colher (chá) de baunilha
75g de farinha de trigo
4 colheres (sopa) de licor a gosto
6 colheres (chá) de café instantâneo diluídas em 1 copo de água quente
Café em pó

Utensílios
1 forma de bolo
2 tigelas
Batedeira
1 espátula
1 saco de confeiteiro

Dica...
Pode-se dar um toque de cor diferente polvilhando açúcar de confeiteiro ou confeitos de chocolate coloridos.

Preaquecer o forno a 180°C e untar a forma com um pouco de manteiga.

Derreter o chocolate picado no micro-ondas, mexendo suavemente e com cuidado para não formar bolhas. Bater os ovos com o açúcar e a baunilha até obter uma mistura grossa e pálida, cujo volume deve, pelo menos, duplicar.

Acrescentar a farinha e o café dissolvido com movimentos suaves e, finalmente, juntar o chocolate já derretido com a manteiga.

Despejar a massa resultante na forma e assar por cerca de 35-40 minutos. Uma vez retirado do forno, regar com o licor.

Esperar esfriar antes de desenformar, pois o bolo se quebrará se for desenformado ainda quente. Cobrir com chocolate derretido, espalhando com a espátula de maneira desigual. Com o saco de confeiteiro, imitar ondas na base.

Para a decoração, coroar o bolo com sutis fios de chocolate e caramelo em forma de flor.

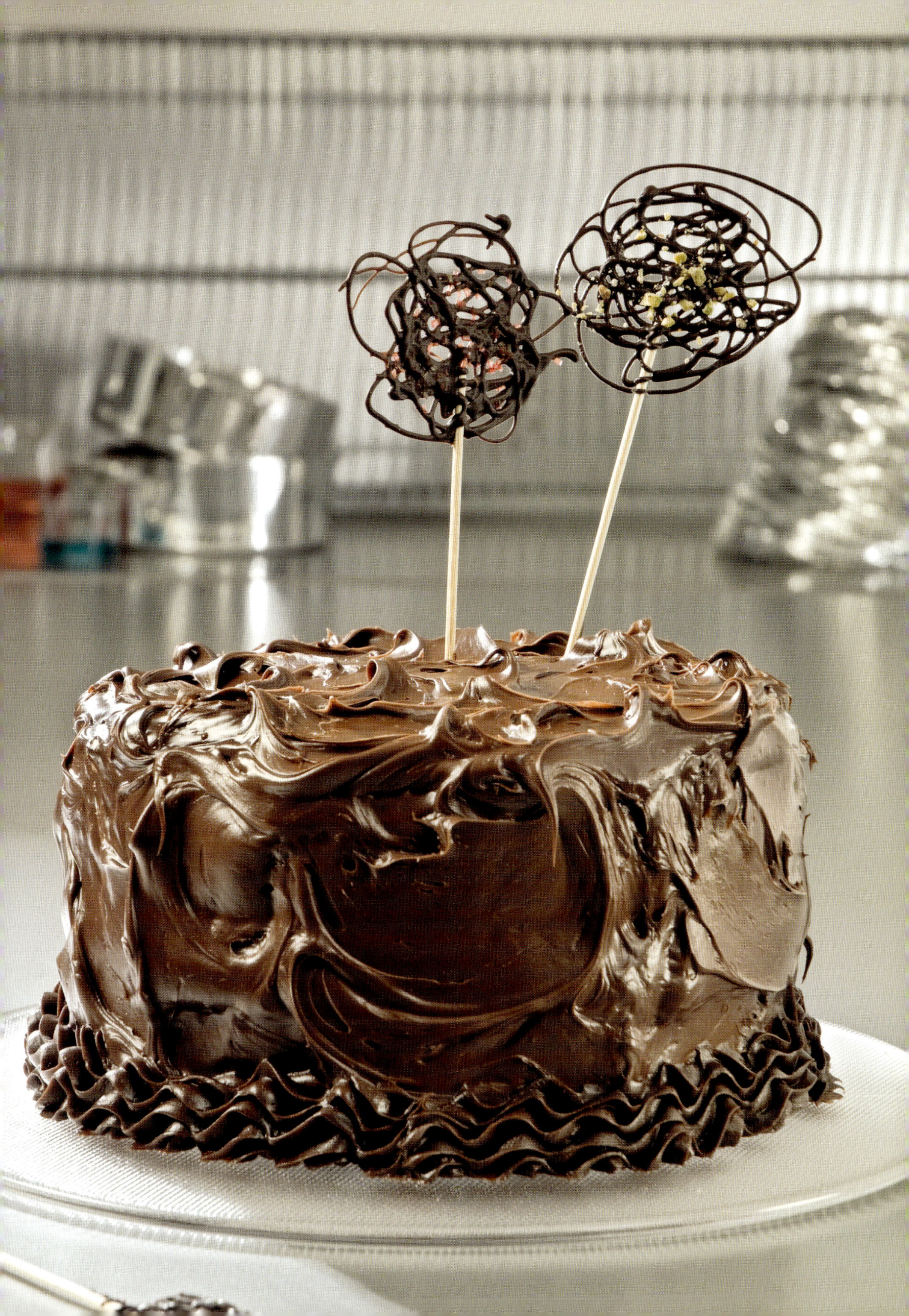

Ingredientes
3 ovos
4 colheres (sopa) de leite
250g de farinha de trigo, mais um pouco para polvilhar a forma
200g de manteiga em temperatura ambiente, mais um pouco para untar a forma
200g de açúcar
1 colher (sopa) de açúcar de baunilha (opcional)
1 envelope de fermento em pó (10g)
50g de cacau em pó

Geleia de morango
12 morangos

Para o chantili
1 litro de creme de leite fresco
150g de açúcar

Utensílios
2 tigelas
1 batedor manual
1 forma para bolo
1 faca

Bater os ovos com o leite até obter uma mistura homogênea. Acrescentar a farinha e a manteiga e bater para que não formem grumos. Juntar à mistura o açúcar, o açúcar de baunilha, o fermento e o cacau em pó e bater tudo novamente até obter uma massa cremosa.

Untar uma forma com manteiga e polvilhar com farinha. Despejar a mistura na forma e assar por 30 minutos a 180°C. Retirar do forno e deixar esfriar em temperatura ambiente. Só então rechear com a geleia e alguns morangos cortados em pedaços.

Em uma tigela à parte, bater o creme de leite com o açúcar até que adquira consistência. Cobrir o bolo com a mistura obtida e decorar com o restante dos morangos, os mais bonitos e brilhantes, junto com um pouco mais de geleia.

Se desejar, polvilhar lascas ou confeitos de chocolate para completar a decoração, mas os morangos são suficientes.

Dica...
Para um sabor mais intenso do chocolate e uma apresentação totalmente diferente, pode-se trocar o chantili por ganache.

Bolo de chocolate com morango

Porções: 10 • Tempo de preparo: 40 minutos • Dificuldade: baixa

Ingredientes

600ml de creme de leite
1 tablete de chocolate
150g de açúcar
1 bolo de chocolate
1 pote de geleia de morango
Cobertura de chocolate
12 morangos

Utensílios

1 panela
Mixer
2 tigelas
1 faca
1 saco de confeiteiro com bico de estrela

Em uma panela, levar ao fogo 200ml de creme de leite e um tablete de chocolate. Quando derreter, deixar esfriar na geladeira.

Depois que esfriar, bater esse creme com o mixer e reservar novamente na geladeira.

Bater o creme de leite restante com o açúcar e reservar.

Cortar um bolo de chocolate em três discos. Com a ajuda de um saco de confeiteiro, no primeiro colocar uma camada de geleia de morango e de creme de leite; depois, cobrir o segundo disco com chocolate. Cobrir o último disco com o creme de leite batido em chantili. Banhar tudo com a cobertura de chocolate previamente derretida no micro-ondas e decorar com morangos fatiados.

Deixar descansar na geladeira por 1 hora antes de servir.

Dica...

Para dar um pouco de frescor, pode-se decorar o bolo com algumas folhinhas de hortelã.

Bolo de chocolate, morango e creme de leite

Porções: 8 • Tempo de preparo: 2 horas • Dificuldade: média

Torta gelada tricolor

Porções: 4 • Tempo de preparo: 1 hora e 30 minutos para a elaboração e 3 horas de freezer • Dificuldade: baixa

INGREDIENTES
4 ovos
120g de açúcar
15g de farinha de trigo
13g de cacau em pó

PARA CADA MUSSE
110g de chocolate (preto 100% de cacau, ao leite e branco)
200ml de creme de leite fresco

PARA O GLACÊ
100g de chocolate 100% de cacau
100g de creme de leite fresco

UTENSÍLIOS
2 tigelas
1 batedor manual
1 panela
1 forma de bolo
1 pano de prato

DICA...

Esta torta tem que ser montada camada por camada conforme for ganhando consistência, para que os sabores não se misturem. Assim será possível distinguir perfeitamente cada uma, tanto pela visão quanto pelo sabor.

Em uma tigela refratária, bater dois ovos e duas gemas junto com 100g do açúcar. Levar ao fogo em banho-maria e bater constantemente, até que triplique de volume, sem deixar ferver.

Tirar do fogo, acrescentar a farinha e o cacau. Bater duas claras em neve e acrescentar os 20g restantes do açúcar para fazer um merengue e juntar à massa antes de endurecer. Colocar em uma forma e assar por 12 minutos a 180°C.

PARA FAZER O SORVETE E O GLACÊ

Para fazer o sorvete, bater o creme de leite firmemente e juntar ao chocolate puro já derretido. Preparar a musse de chocolate preto misturando os ingredientes e espalhá-la sobre o bolo, alisando e deixando descansar no freezer por 30 minutos. Preparar as musses com os outros chocolates. Para o glacê, derreter 100g de chocolate com 100g de creme de leite fresco e despejar sobre o bolo. Deixar descansar por 3 horas no freezer. Para desenformar, embrulhar a forma com um pano umedecido em água quente, para que deslize.

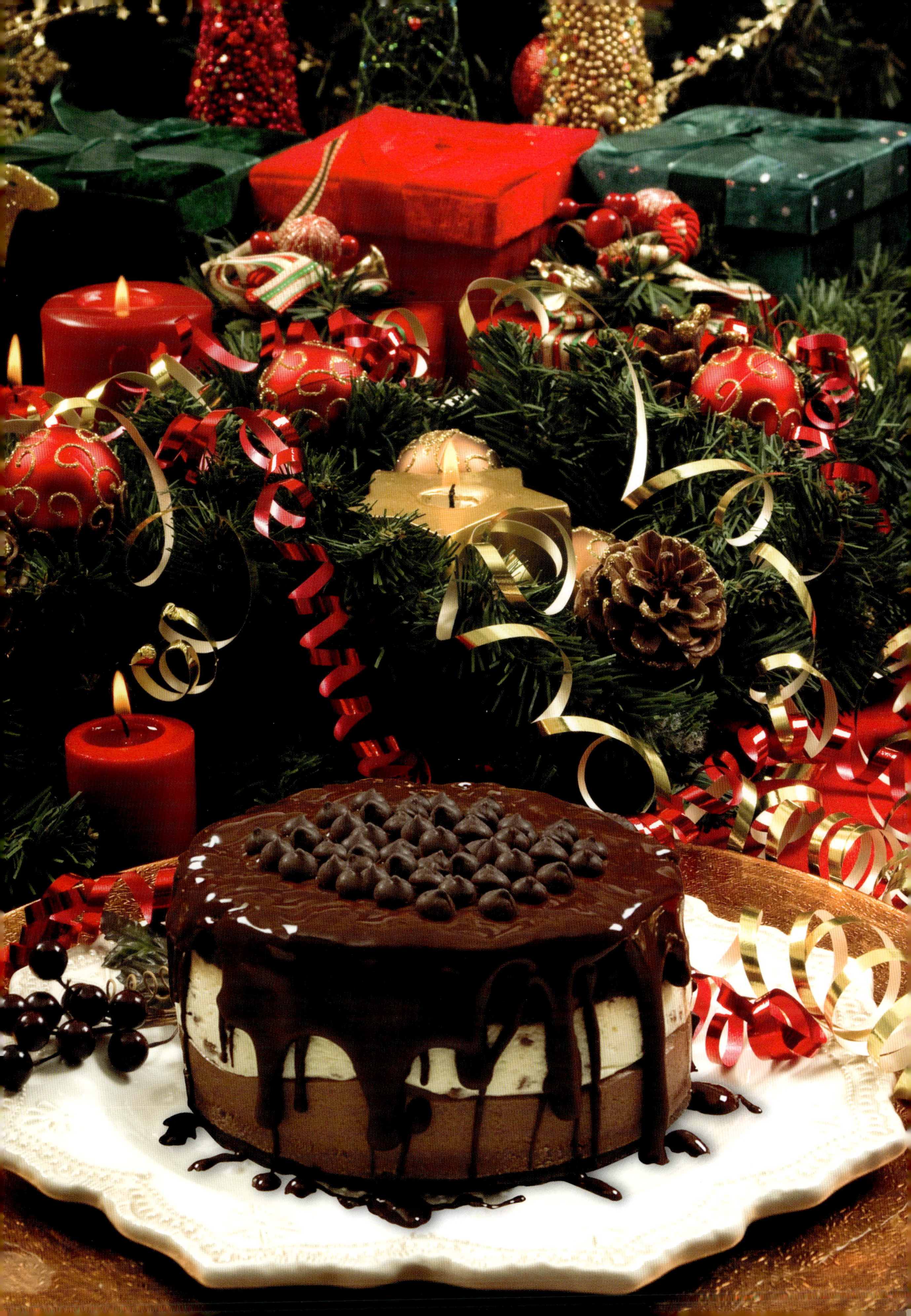

Ingredientes
130g de manteiga
110g de açúcar de confeiteiro
6 ovos
130g de chocolate 80% de cacau
1 litro de creme de leite fresco
110g de açúcar
130g de farinha de trigo
1 colher (chá) de fermento em pó
300g de geleia de damasco

Para o glacê
130g de chocolate 100% de cacau
1 litro de creme de leite fresco

Utensílios
1 batedor manual
3 tigelas
1 peneira ou coador fino
1 panela
1 forma de torta

Preaquecer o forno a 180°C. Bater a manteiga com o açúcar de confeiteiro até que fique cremoso. Acrescentar as gemas e continuar batendo energicamente. Juntar o chocolate, derretido no micro-ondas, e o creme de leite e misturar bem. A seguir, acrescentar as claras batidas em neve junto com o açúcar e, por último, a farinha já peneirada, misturada com o fermento.

Untar com manteiga e polvilhar com farinha uma forma de torta. Assar por 30 ou 40 minutos. Deixar amornar e desenformar.

Quando a torta estiver quase fria, aquecer a geleia até que fique líquida e espalhar por cima. Deixar esfriar.

Para o glacê
Derreter o chocolate com o creme de leite e misturar bem até que fique liso e muito brilhante. Cobrir a torta com o glacê e deixar esfriar novamente.

Dica...
Pode-se decorar com um pouco de chantili e algumas folhinhas de hortelã fresca.

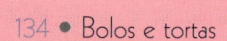

Torta Sacher

Porções: 10 • Tempo de preparo: 1 hora e 30 minutos • Dificuldade: alta

Uma pequena delicadeza

Os bombons, verdadeiras joias da arte culinária, são o jeito mais sofisticado de apresentar pequenos bocadinhos de chocolate, acompanhados por ingredientes que realçam ou contrastam seu sabor. Nos biscoitos, o chocolate se integra modestamente para colaborar com a harmonia do conjunto.

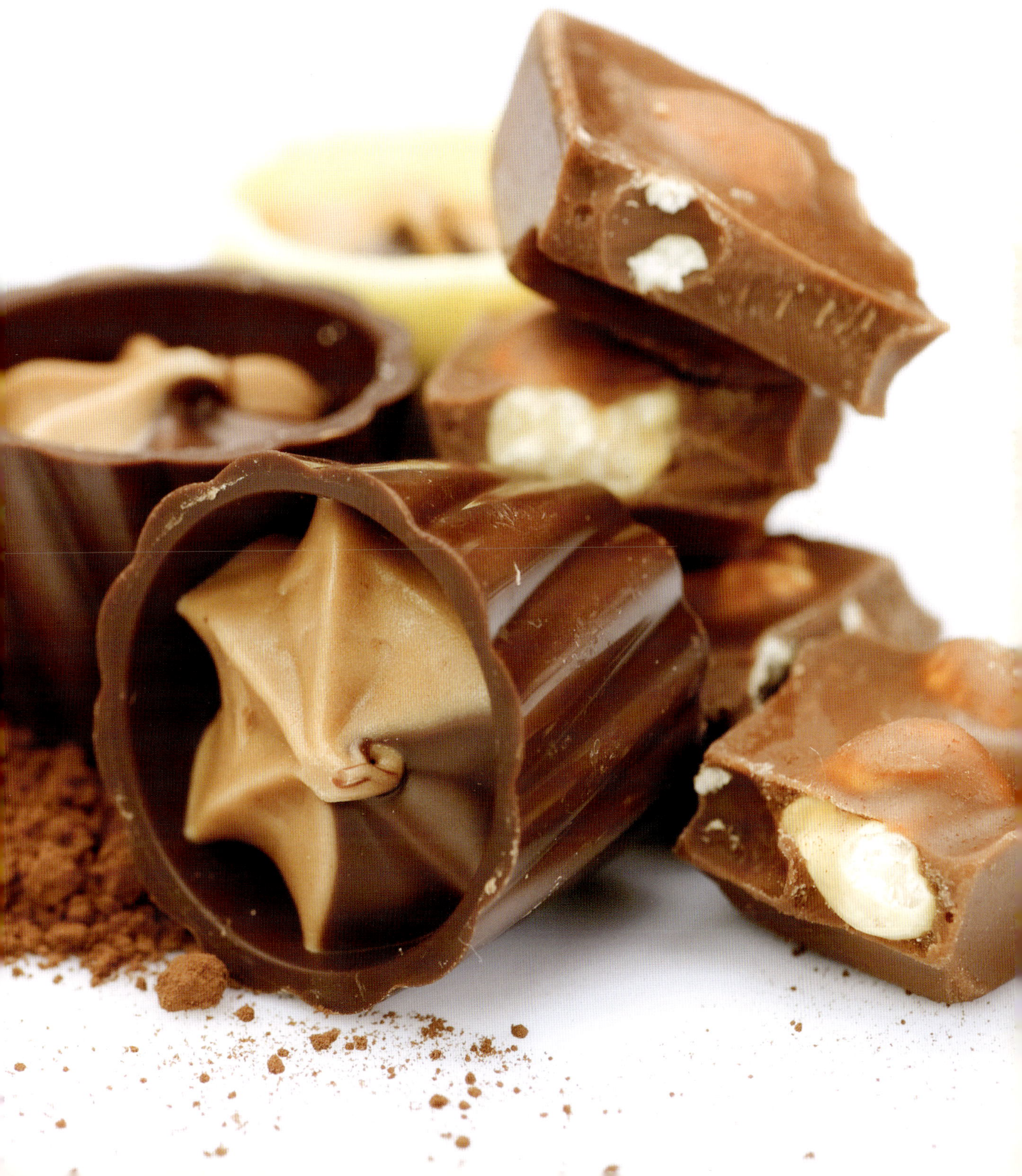

Bombons de chocolate e morango

Unidades: 8 • Tempo de preparo: 50 minutos • Dificuldade: média

INGREDIENTES
250g de chocolate puro 100% de cacau
8 colheres (sopa) de leite de soja
1 colher (sopa) de margarina vegetal
Geleia de morango
Geleia de outro sabor (opcional)
Frutas secas (opcional)
Chocolate branco e chocolate ao leite (opcional)

UTENSÍLIOS
1 panela
1 pincel
Forminhas para bombons (no formato desejado)
1 colherinha
1 travessa
Forminhas de papel

Em uma panela, derreter o chocolate com o leite de soja e a margarina, em fogo baixo, para que não queime.

Com o pincel, pintar uma camada de chocolate nas forminhas e deixar alguns minutos na geladeira para que solidifique. Repetir a operação até que fique uma camada grossa.

Quando a camada estiver seca, colocar dentro da forminha uma colher (chá) de geleia de morango e cobrir com chocolate. Levar ao freezer. Depois de 30 minutos, retirar e desenformar os bombons com cuidado para não quebrar.

Podem ser guardados por um tempo, em temperatura ambiente, para serem consumidos a qualquer momento. Para servir, basta colocá-los em uma travessa ou em forminhas de papel.

DICA...

O recheio pode ser variado, substituindo a geleia de morango por outra preferida. Pode-se inclusive rechear com outros tipos de chocolate, acrescentando frutas secas para obter diferentes sabores e texturas.

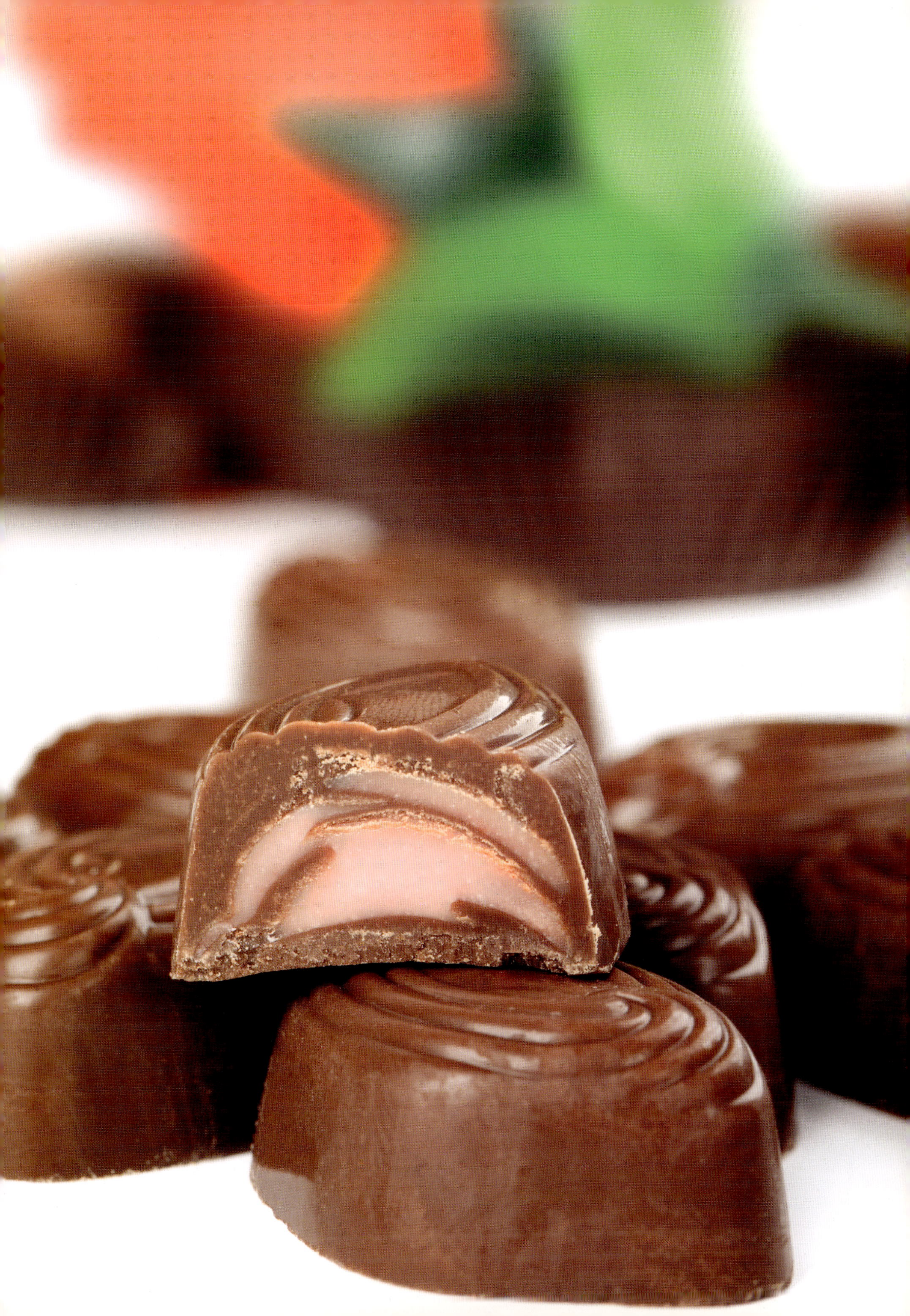

Bombons coloridos

Unidades: 8 • Tempo de preparo: 1 hora e 20 minutos • Dificuldade: média

INGREDIENTES
170g de leite condensado
250g de chocolate para culinária
   (fondant, preto, sem leite)
100g de coco ralado

PARA DECORAR
Coco ralado
Merengue
Corante alimentar

UTENSÍLIOS
1 panela e 1 vasilha refratária para o
   banho-maria
1 colher de pau
1 tigela
1 colherinha
Forminhas de papel

Em uma panela, levar ao fogo, em banho-maria, o leite condensado e o chocolate, misturando com uma colher de pau até que o chocolate derreta e os ingredientes se integrem num creme homogêneo.

Acrescentar o coco ralado e novamente misturar muito bem.

Guardar o creme na geladeira durante meia hora para que endureça. Passado esse tempo, com uma colherinha, pegar pequenas porções e formar bolinhas. Rolá-las no coco ralado e servir em forminhas de papel.

Para apresentar esses bombons em outras cores, pode-se utilizar merengue ou tingir o coco com corantes alimentares variados.

DICA...

Para que, ao formar as bolinhas, a mistura de chocolate não grude nas mãos, basta colocar um pouquinho de coco ralado em uma das palmas e, a seguir, pôr sobre ela a massa para enrolar. Depois, é só acabar de passar no coco.

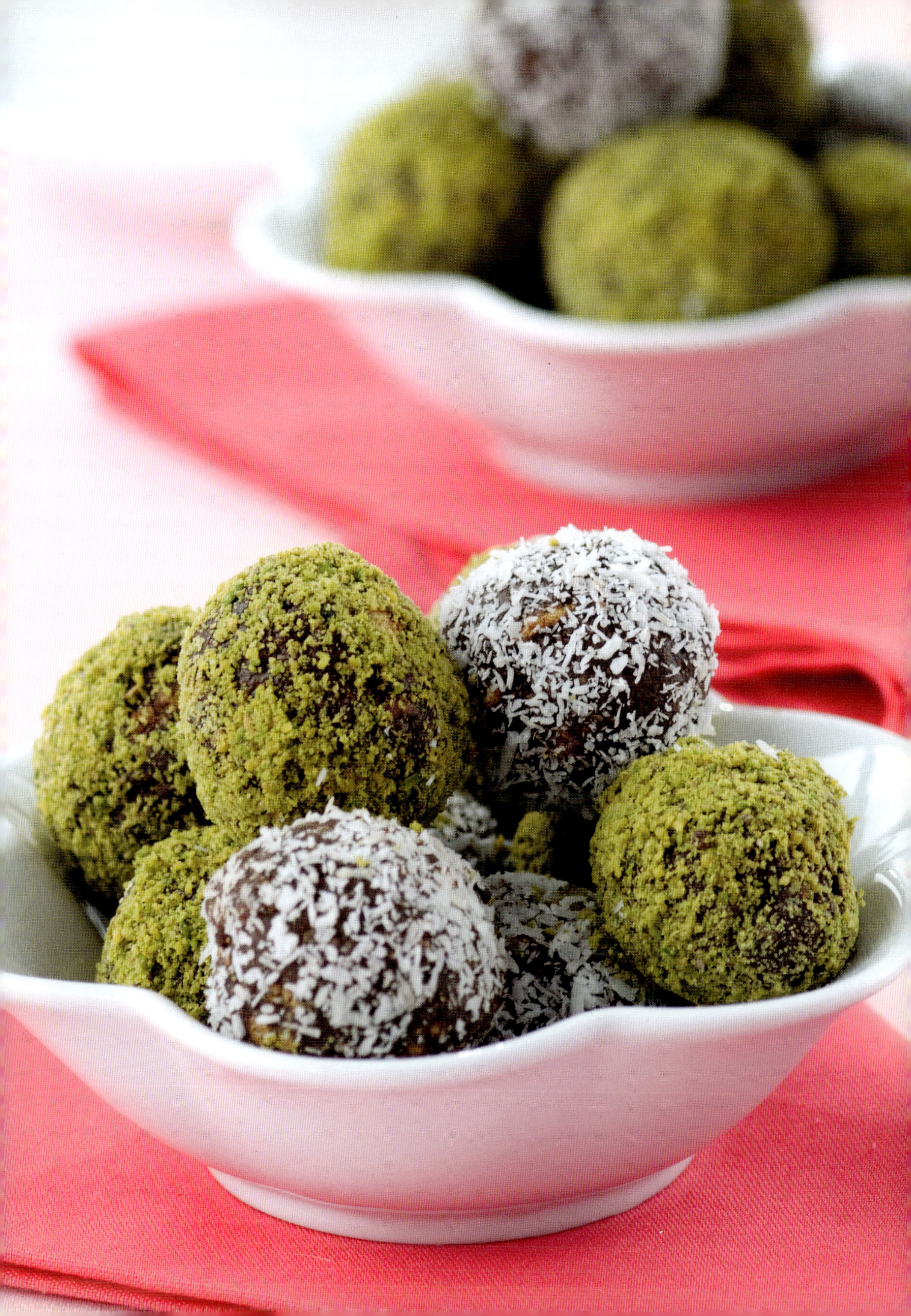

Cookies

Unidades: 10 • Tempo de preparo: 1 hora • Dificuldade: baixa

INGREDIENTES
70g de manteiga
50g de açúcar demerara
50g de açúcar branco
1 colher (sopa) de açúcar de baunilha
1 envelope de fermento em pó (10g)
1 ovo
180g de farinha de trigo
100g de gotas de chocolate
1 pitada de sal
Açúcar de confeiteiro
Morangos para decorar

UTENSÍLIOS
1 tigela
1 batedor manual
1 peneira ou coador fino
1 assadeira
Papel vegetal
1 travessa

Em uma tigela, colocar a manteiga, o açúcar demerara, o açúcar branco, o açúcar de baunilha e o fermento, e misturar muito bem.

Acrescentar o ovo, a farinha peneirada e as gotas de chocolate e misturar até obter uma massa homogênea, tendo cuidado para que não se formem grumos, salvo as gotas de chocolate.

Fazer bolinhas um pouco achatadas com a massa e arrumar em uma assadeira forrada com papel vegetal. Deixar espaço para que, ao crescer, não encostem umas nas outras.

Assar por 15 minutos a 180°C. Retirar do forno e deixar esfriar em temperatura ambiente. Depois, colocar em uma travessa e servir. Pode polvilhar com açúcar de confeiteiro ou servir acompanhado de alguma fruta de colorido contrastante, como morangos.

DICA...

É importante controlar bem o tempo do forno porque, se passarem do ponto, os cookies vão se quebrar e a apresentação perderá muito. Se isso ocorrer, podem ser aproveitados como base para outras sobremesas.

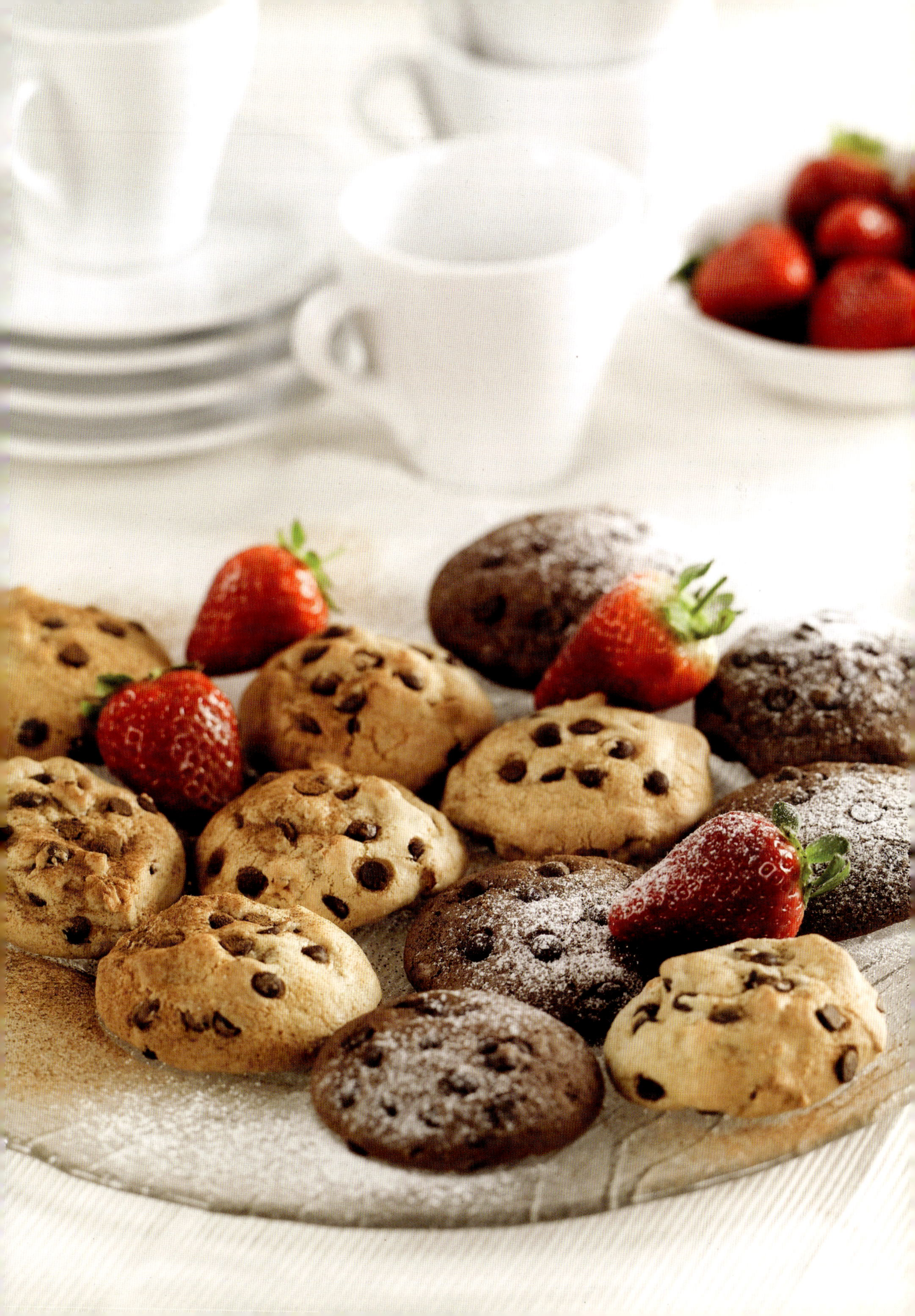

Flores de chocolate recheadas com chantili

Unidades: 10 • Tempo de preparo: 1 hora • Dificuldade: baixa

INGREDIENTES
250g de farinha de trigo
180g de manteiga
120g de açúcar de confeiteiro
50g de cacau em pó
1 gema de ovo
1 colher (chá) de água fria
Chocolate branco (opcional)
Chantili (opcional)
Chocolate ao leite (opcional)

UTENSÍLIOS
1 tigela
1 batedor manual
Filme de PVC
Rolo de macarrão
1 cortador de biscoito em forma de flor
1 assadeira
1 bandeja

Colocar todos os ingredientes em uma tigela, exceto a gema de ovo e a água, e misturar até obter uma massa homogênea. Acrescentar a gema e a água e mexer um pouco mais.

Embrulhar a massa em filme de PVC e deixar descansar na geladeira por 10 minutos, para que fique mais dura e fácil de amassar.

Abrir a massa com o rolo de macarrão e cortar 20 flores com o cortador. Se a massa esquentar e for difícil cortar, deixar descansar mais um pouco na geladeira.

Arrumar as flores recortadas na assadeira e levar ao forno por 30 minutos a 180°C.

Deixar esfriar em temperatura ambiente e rechear os biscoitos. Depois, colocá-los em uma bandeja.

DICA...

As flores podem conter diferentes recheios, como chocolate branco, chantili ou chocolate ao leite. Há tantas possibilidades quanto cozinheiros.

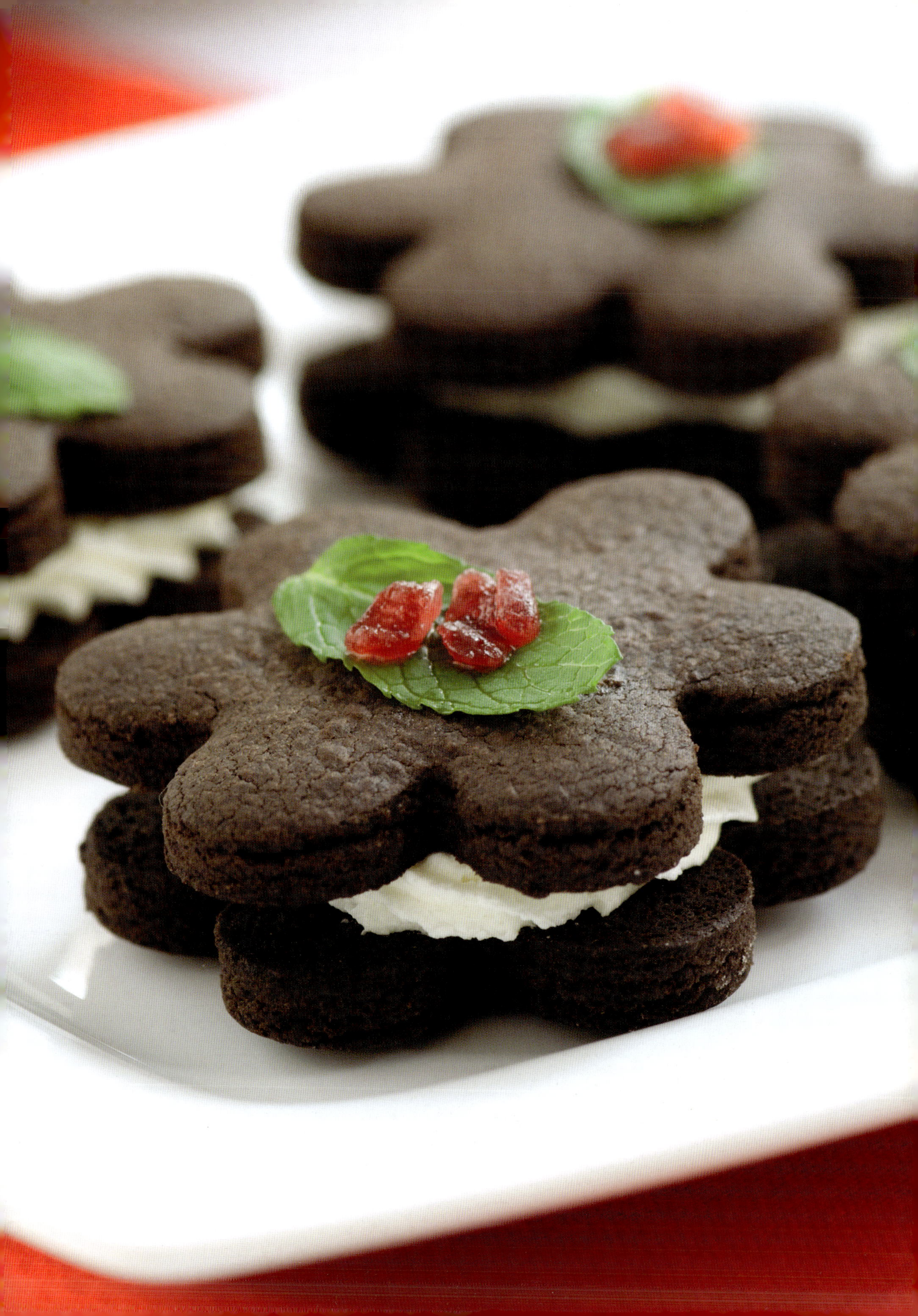

Biscoito bicolor

Unidades: 20 • Tempo de preparo: 2 horas • Dificuldade: média

INGREDIENTES
300g de farinha de trigo
90g de açúcar
200g de manteiga
4 colheres (sopa) de cacau em pó

UTENSÍLIOS
1 tigela
Rolo de macarrão
Filme de PVC
1 assadeira
Papel vegetal
1 bandeja

Pôr todos os ingredientes em uma tigela, menos o cacau, e, com as pontas dos dedos, amassar até obter uma massa homogênea.

Dividir a massa em duas partes e acrescentar o cacau a uma delas. Amassar de novo para que integre bem.

Formar rolos com a massa, embrulhar em filme de PVC e guardar na geladeira para que endureçam um pouco. Uma vez endurecidos, abrir a massa com um rolo de macarrão e colocar a massa que contém cacau em cima da que não tem, enrolando-as depois. Guardar de novo na geladeira.

Preaquecer o forno a 180°C ou 200°C. Cortar os rolos em rodelas de uns 3mm e arrumá-las em uma assadeira forrada com papel vegetal. Assar por 10 minutos.

DICA...

É possível distribuir as cores dos biscoitos de diversas formas. Por exemplo, pondo barrinhas de tons diferentes intercaladas, de modo que, ao cortar, fiquem como um tabuleiro de xadrez.

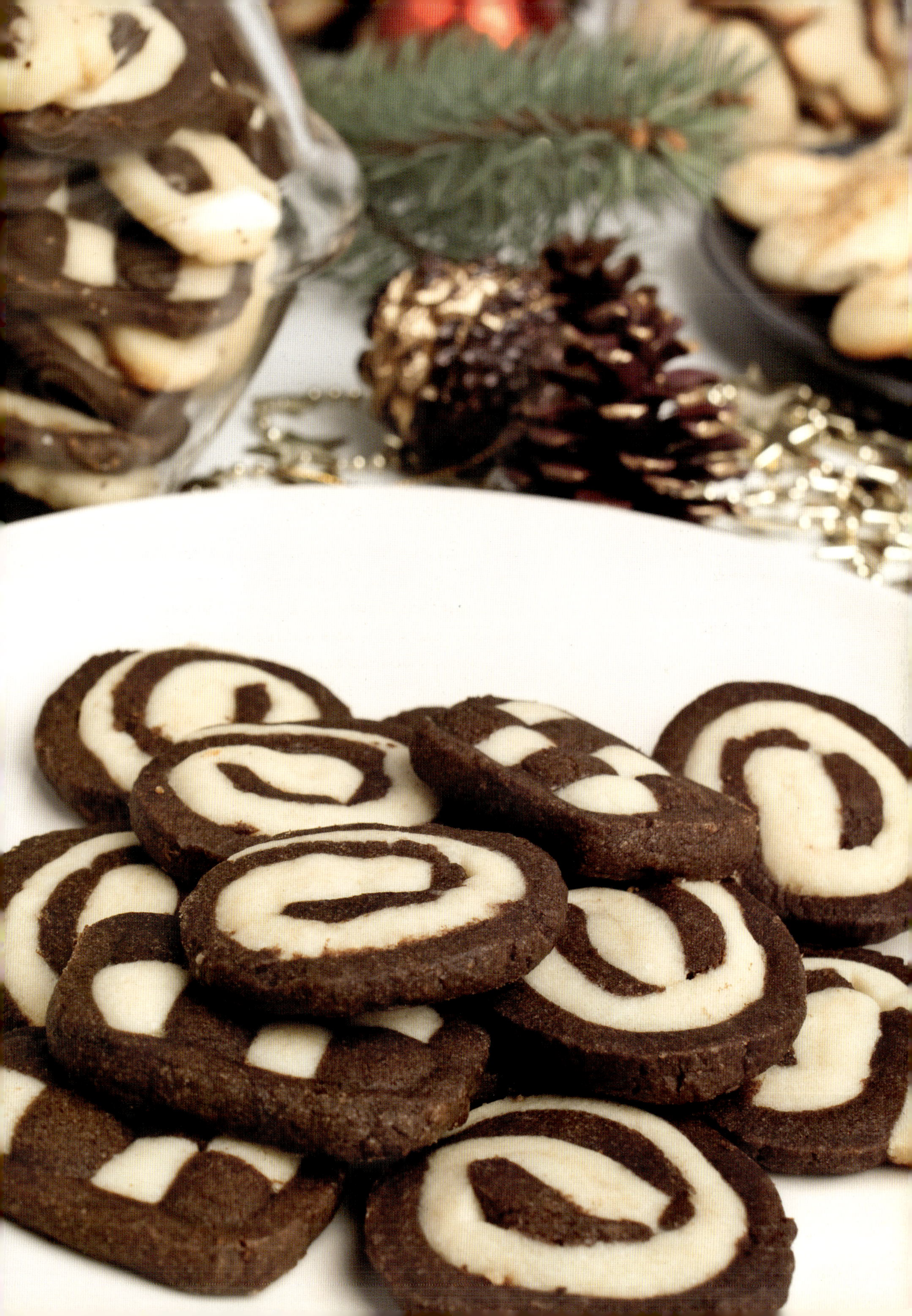

Biscoitinhos para o chá

Unidades: 13 • Tempo de preparo: 40 minutos • Dificuldade: baixa

INGREDIENTES
190g de manteiga
50g de açúcar de confeiteiro
250g de farinha de trigo

PARA A DECORAÇÃO (OPCIONAL)
Cerejas
250g de chocolate cobertura
   (branco, preto ou a gosto)
Caramelo
Geleia a gosto

UTENSÍLIOS
1 tigela
1 batedor manual
1 coador
1 saco de confeiteiro com bico
   de estrela
Papel vegetal
1 assadeira

Preaquecer o forno a 200°C. Misturar a manteiga, em ponto de pomada, com o açúcar até formar uma pasta cremosa. Acrescentar a farinha peneirada. Misturar bem. Colocar o creme em um saco de confeiteiro com bico de estrela e, sobre uma assadeira forrada com papel vegetal, fazer as formas, apertando suavemente.

Assar os biscoitinhos por 10 a 12 minutos, até que ganhem um tom levemente dourado.

Decorar com cerejas ou simplesmente com linhas de chocolate preto, chocolate branco ou caramelo.

Para variar, rechear com geleia de morango ou de qualquer outro sabor e fazer biscoitinhos recheados.

DICA...

Manteiga em "ponto de pomada" é uma expressão culinária que significa que, uma vez trabalhada, mole, mas sem chegar a derreter, a manteiga apresenta a consistência de uma pomada. A expressão também é usada para explicar a densidade de qualquer outro creme ou molho.

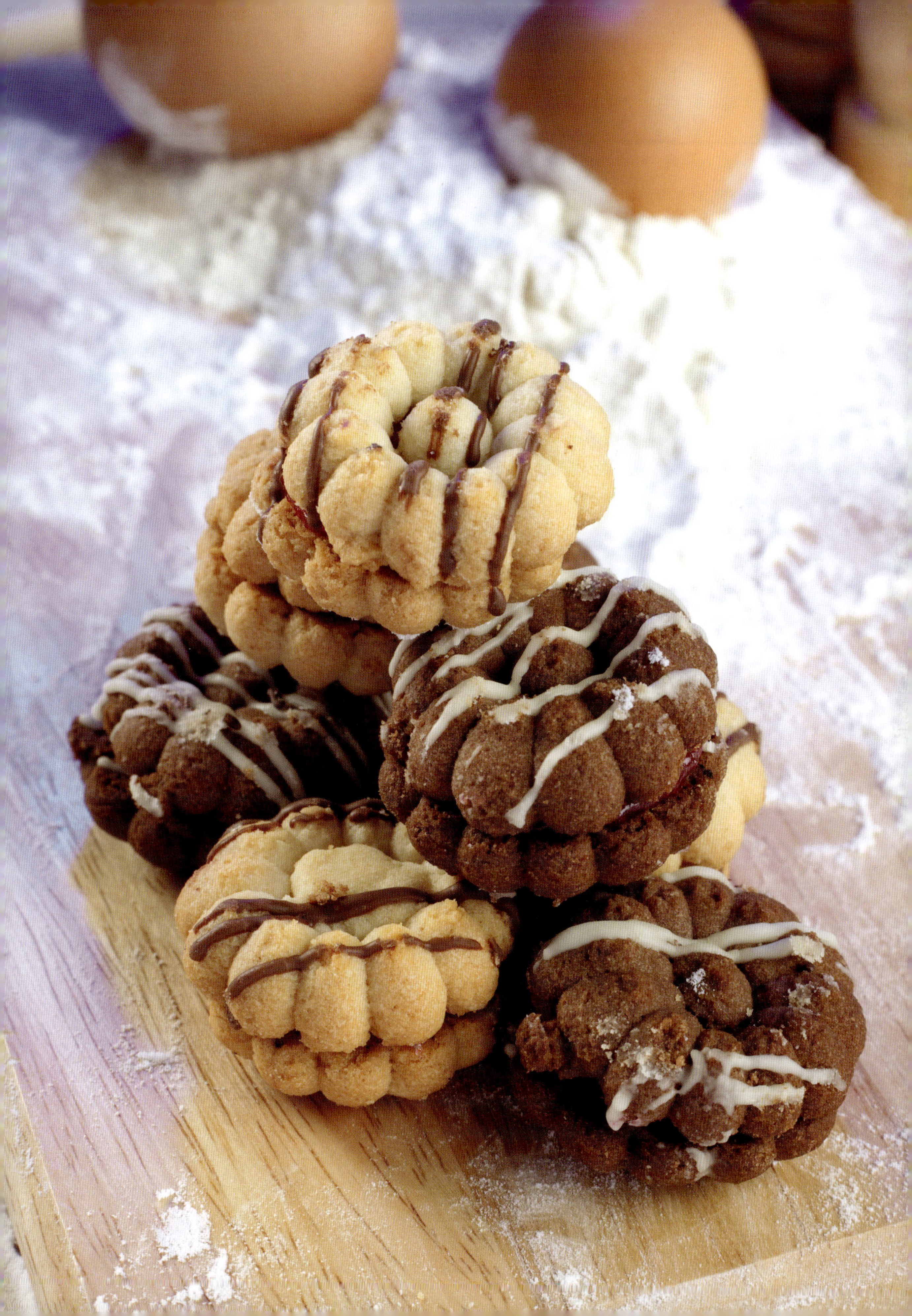

Biscoitinhos cobertos com chocolate

Unidades: 12 • Tempo de preparo: 2 horas • Dificuldade: baixa

INGREDIENTES
125g de manteiga
100g de açúcar de confeiteiro
1 colher (chá) de açúcar de baunilha
3 ovos
220g de farinha de trigo
8g de fermento químico
1 pitada de sal
150g de chocolate para culinária
25g de óleo de girassol

UTENSÍLIOS
1 tigela
1 espátula
1 peneira ou coador fino
1 batedor manual
1 saco de confeiteiro
1 assadeira
Papel vegetal
1 bandeja

Usar a espátula para misturar a manteiga e os açúcares. A manteiga deve ficar em ponto de pomada. Acrescentar os ovos e a farinha peneirada com o fermento e o sal. Bater todos os ingredientes com o batedor manual.

Preaquecer o forno a 225°C. Pôr a mistura em um saco de confeiteiro e ir depositando, em uma assadeira forrada com papel vegetal, círculos de uns 6cm de diâmetro. Assar por cerca de 6 minutos.

Derreter o chocolate com o óleo no micro-ondas, sem deixar que aqueça muito, até obter uma mistura homogênea.

Colocar os biscoitos virados para baixo em cima do chocolate, virá-los e arrumá-los em uma bandeja. Manter na geladeira até que o chocolate endureça.

DICA...

Também é possível banhar os biscoitos com chocolate branco, seguindo o mesmo procedimento do chocolate preto.

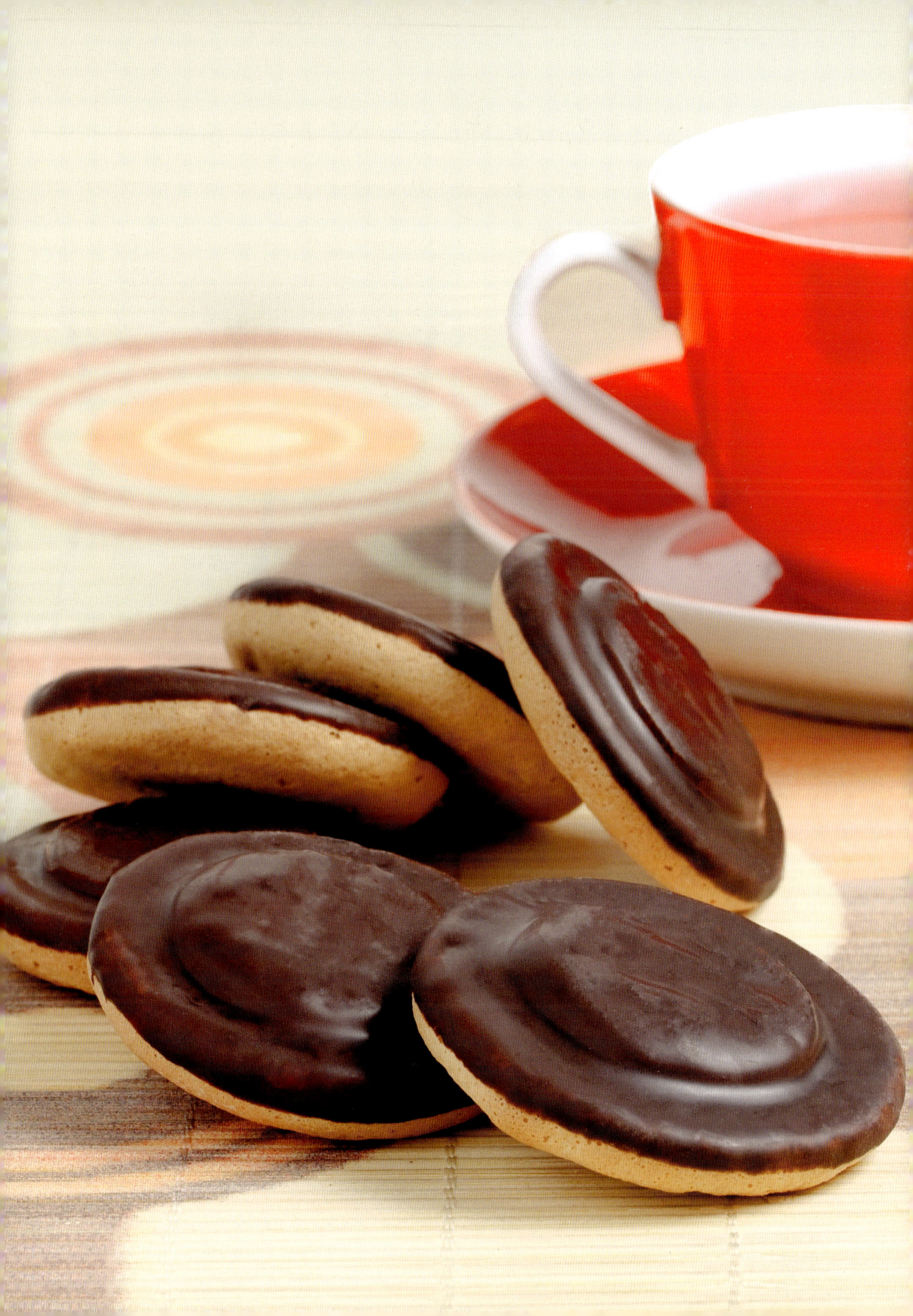

Biscoitinhos flor de morango

Unidades: 12 • Tempo de preparo: 2 horas • Dificuldade: baixa

Ingredientes

Para a base
125g de manteiga
100g de açúcar de confeiteiro
1 colher (chá) de açúcar de baunilha
3 ovos
220g de farinha de trigo
8g de fermento químico
1 pitada de sal
25g de óleo de girassol

Para a decoração
Geleia de morango
Calda branca
150g de chocolate para culinária

Utensílios
1 tigela
1 espátula
1 peneira ou coador fino
1 batedor manual
1 saco de confeiteiro
1 assadeira
Papel vegetal
1 bandeja

Para fazer a base do biscoitinho, seguir exatamente os mesmos passos da receita anterior; ou seja, formar a massa base com os ingredientes especificados e fazer os discos, assando-os por 6 minutos a 225°C. O que vai mudar é a apresentação. Para isso, derreter o chocolate em banho-maria e, a seguir, molhar a parte de baixo do biscoitinho nele. Na parte de cima, pôr um pouco de geleia no centro, que será o botão da flor.

Depois, com um pouco de calda branca (também serve chocolate branco derretido), fazer as pétalas. Para fazer as linhas de chocolate, confeccionar um cone com um papel vegetal, rechear com chocolate derretido e traçar os desenhos com cuidado.

Servir, sozinhos ou misturados com outros biscoitos, em uma bandeja.

Dica...
É preciso deixar esfriar a base desses biscoitinhos antes de virá-los. Para acelerar o processo, pode-se pô-los na geladeira por alguns minutos.

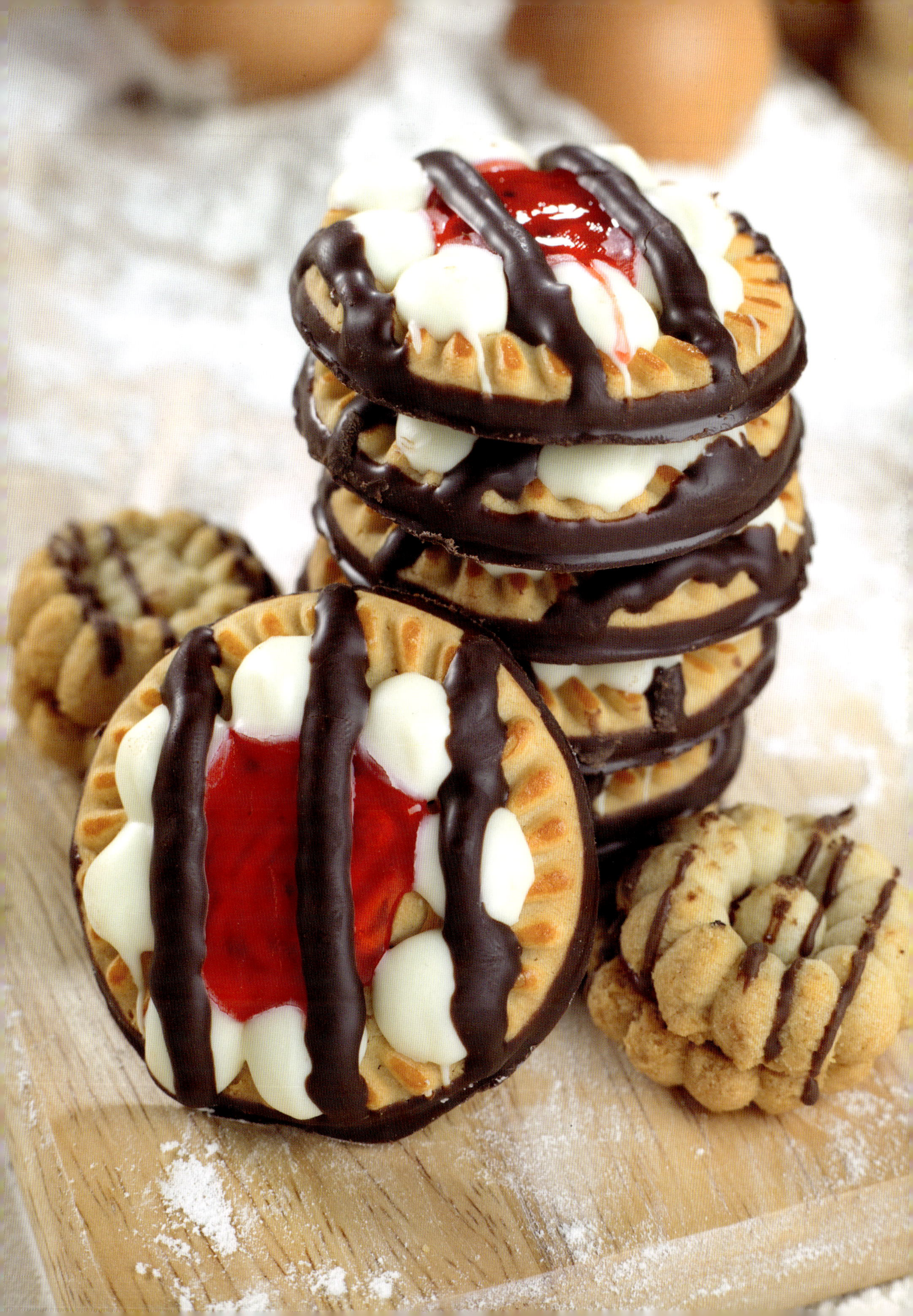

Trufas de chocolate

Unidades: 14-15 • Tempo de preparo: 1 hora para a elaboração e 3 horas de repouso em geladeira • Dificuldade: baixa

INGREDIENTES
120g de creme de leite
80g de manteiga
2 colheres (sopa) de água de flor de laranjeira
500g de chocolate 100% de cacau
80g de açúcar de confeiteiro
50ml de Cointreau
Chocolate granulado
Granulado colorido (opcional)

UTENSÍLIOS
1 panela
1 batedor manual
1 tigela
1 recipiente com tampa
1 colherinha
Forminhas de papel

Aquecer em uma panela, em fogo baixo, o creme de leite junto com a manteiga e a água de flor de laranjeira, sem deixar ferver.

Acrescentar o chocolate picado, o açúcar e o Cointreau, mexendo bem com o batedor manual até que o chocolate derreta e fique bem ligado.

Passar a mistura para uma tigela e deixar descansar em temperatura ambiente. Uma vez fria, pôr em um recipiente com tampa e deixar na geladeira por 3 horas. Passado esse tempo, formar as trufas com a massa (usar uma colherinha para ajudar a fazer as bolinhas), passar no chocolate granulado e colocar nas forminhas de papel para obter uma boa apresentação.

São um bom acompanhamento para o café.

DICA...

As trufas também podem ser decoradas com granulado colorido ou de diversos tipos de chocolate. Ficarão mais divertidas e alegres.

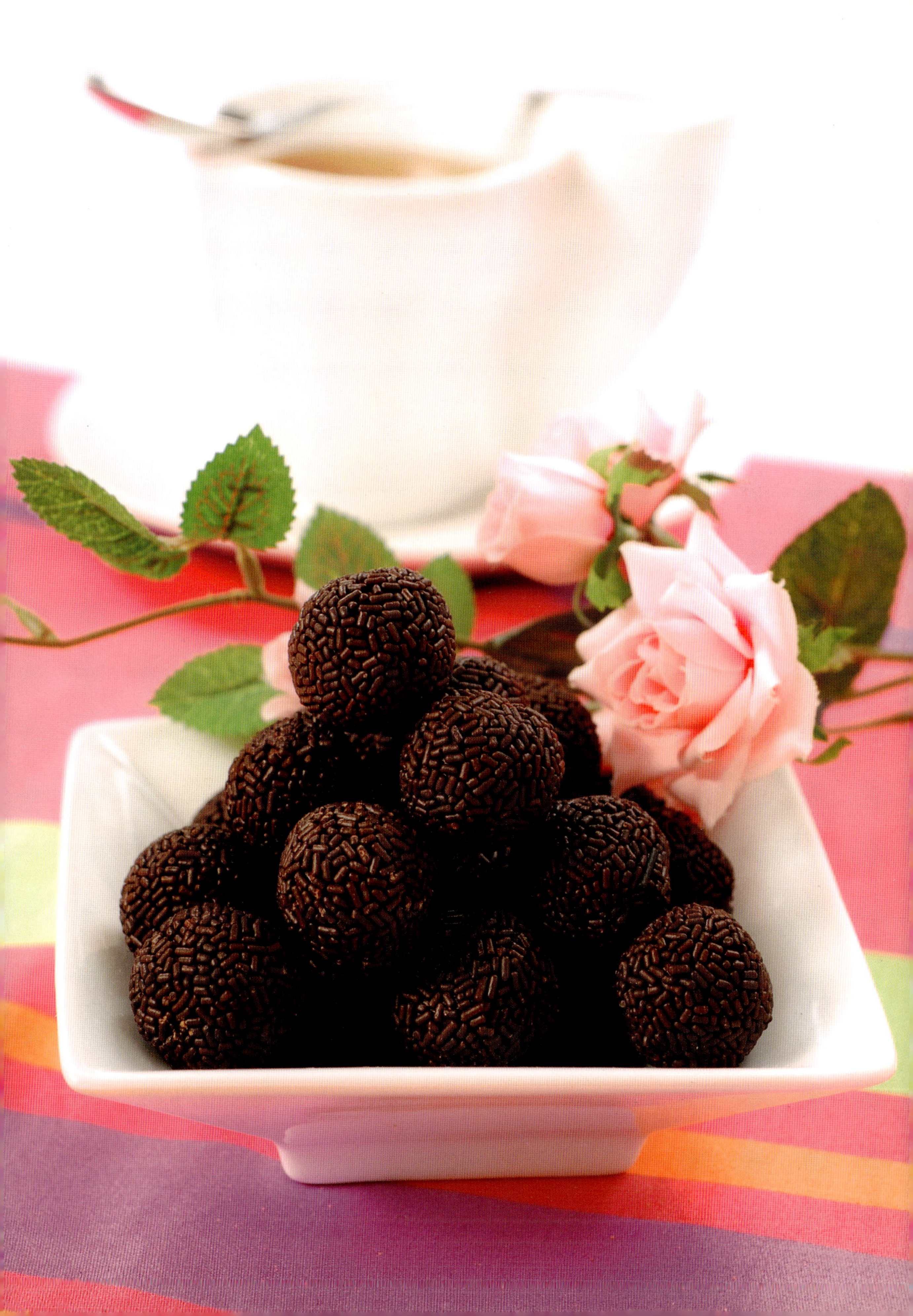

Trufas de chocolate e café

Unidades: 15 • Tempo de preparo: 1 hora • Dificuldade: baixa

INGREDIENTES
125g de chocolate fondant
100g de chocolate ao leite
100ml de creme de leite
50g de manteiga
1 colher (chá) de café instantâneo
2 colheres (sopa) de cacau em pó
2 colheres (sopa) de açúcar de confeiteiro
2 colheres (sopa) de amêndoas picadas

UTENSÍLIOS
1 panela e 1 vasilha refratária para o banho-maria
1 colher de pau
1 batedor manual
3 tigelas
1 bandeja
Papel vegetal
1 colherinha
Forminhas de papel

Picar os dois tipos de chocolate e derreter em banho-maria. Tirar do fogo e acrescentar o creme de leite, mexendo bem até que a mistura fique cremosa. Reservar.

Amolecer a manteiga em uma tigela e misturar com o café instantâneo. Uma vez obtida a consistência cremosa, juntar à mistura reservada de chocolate com creme de leite. Mexer.

Deixar esfriar por 1 hora. Depois disso, forrar uma bandeja com papel vegetal e, com a ajuda de uma colherinha, separar porções; deixar esfriar mais.

Passar cada trufa primeiro no cacau e, depois, no açúcar de confeiteiro. Também podem ser passadas em amêndoas picadas.

DICA...
A massa deve ser deixada em temperatura ambiente por um tempo antes de ser modelada, para simplificar a tarefa.

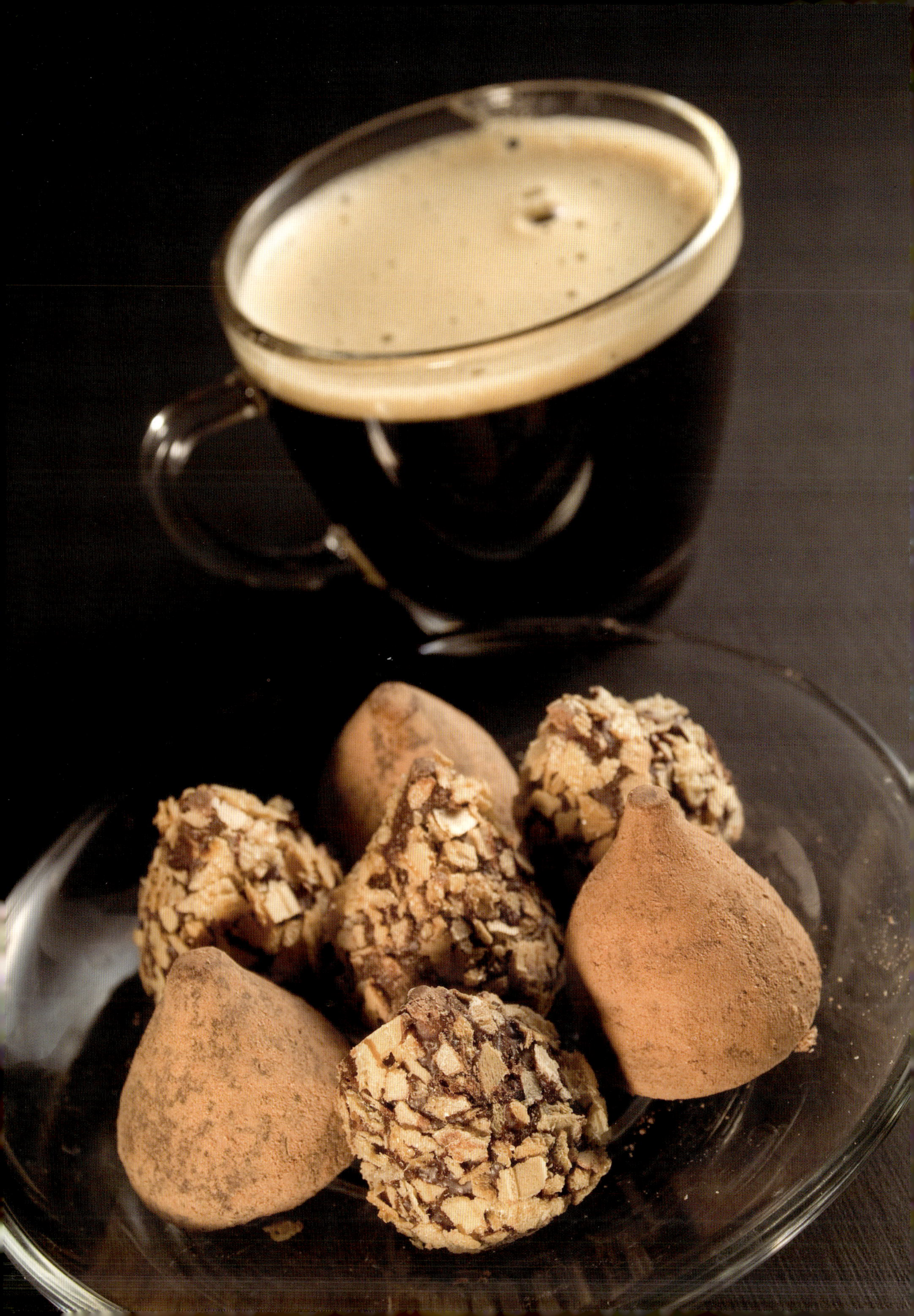

Termos usuais

Açúcar de confeiteiro. Açúcar branco pulverizado, extrafino.

Ágar. Ingrediente principal na elaboração das gelatinas. É encontrado no mercado em forma de folhas ou pó, também com o nome de gelatina sem sabor.

Amassar. Trabalhar os ingredientes com as mãos, para uni-los formando uma massa homogênea.

Aromatizar. Acrescentar ervas, essências ou temperos a um preparado, a fim de realçar seu sabor.

Banho-maria. Aquecimento lento e uniforme de um alimento, encaixando a vasilha que o contém dentro de uma panela com água fervendo.

Batedor. Utensílio de arame que se utiliza para bater alguns alimentos. Existem manuais e elétricos, como o mixer.

Bater. Misturar energicamente, com movimentos circulares e ascendentes, para que entre ar na mistura e seu volume aumente.

Calda. Cocção de açúcar dissolvido em água, que recebe diferentes nomes segundo suas proporções e densidade (ponto de fio, ponto de bola, ponto de caramelo etc.).

Coalhar. Fazer que um líquido fique mais sólido ou pastoso por meio de calor, frio ou produtos espessantes.

Cobertura. Tipo de creme que se usa para cobrir bolos e doces. Esse termo também é utilizado para denominar o chocolate que derrete facilmente.

Cocção passiva. Processo de cocção dos alimentos que continua depois que foram retirados do fogo.

Decorar. Enfeitar e embelezar uma preparação culinária.

Em fogo baixo. Cozinhar um alimento gradualmente, com pouca potência.

Empanar. Cobrir um alimento com algum outro ingrediente ralado, moído ou em pó.

Emulsionar. Misturar dois ingredientes que são incompatíveis entre si.

Enrolar. Dobrar sobre si mesmo um alimento para fazer um rolo com ele. Antes de enrolar, acrescentam-se vários ingredientes como recheio, a fim de que, ao ser cortado de forma transversal, forme espirais.

Flambar. Regar com bebida alcoólica a superfície de um alimento para depois pôr fogo, de modo que o álcool evapore, mas fique presente seu aroma.

Glaçar. Cobrir a preparação com uma camada líquida que costuma ser de açúcar de confeiteiro e água.

Merengue. Preparação feita à base de clara de ovo batida em neve com açúcar. Em geral, é aromatizada com baunilha e acrescentam-se outros ingredientes (coco ralado, amêndoas etc.).

Musse. Prato que se prepara com claras de ovo batidas em neve.

Polvilhar. Espalhar sobre um alimento um ingrediente em forma de pó, lascas etc.

Ponto de pomada. Ponto que se obtém trabalhando um creme, molho ou manteiga até chegar a uma consistência similar à de uma pomada.

Reduzir. Diminuir, no fogo e por evaporação, a quantidade de líquido de uma preparação.

Regar. Verter ou espalhar um líquido em gotas muito pequenas.

Saco de confeiteiro. Utensílio de cozinha composto por um pano ou plástico costurado em forma de cone, em cujo vértice se colocam diferentes bicos. É utilizado para distribuir e dar forma aos cremes.

Triturar. Moer ou esfarelar um alimento sem que chegue a pulverizar, deixando pequenos pedaços.

Untar. Passar um produto gorduroso (manteiga, margarina ou azeite) em uma assadeira.

Índice de receitas

Biscoitinhos cobertos com chocolate, 150
Biscoitinhos flor de morango, 152
Biscoitinhos para o chá, 148
Biscoito bicolor, 146
Bolinho com framboesas, 32
Bolinho de chocolate e framboesas, 38
Bolo brilhante de chocolate com confeitos coloridos, 116
Bolo com luas de chocolate, 118
Bolo com pêssego, 34
Bolo de chocolate, 120
Bolo de chocolate branco, 122
Bolo de chocolate com frutas secas, 124
Bolo de chocolate com morango, 128
Bolo de chocolate e café, 126
Bolo de chocolate, morango e creme de leite, 130
Bolo de dois chocolates, 104
Bolo exótico, 36
Bombons coloridos, 140
Bombons de chocolate e morango, 138
Brownie de chocolate com sorvete de pistache, 64
Cítricos variados com coroa de chocolate, 44
Cookies, 142
Coração de chocolate bem macio, 86
Creme de chocolate, 68
Creme de chocolate branco com cookies, 70
Cubo de cacau com coco, 88
Delícia de kiwi, 46
Delícias de chocolate com figos, 48
Flores de chocolate recheadas com chantili, 144

Fondue de chocolate com frutas exóticas, 42
Gemada de chocolate, 80
Maçãs banhadas com frutas secas, 52
Minissorvete de chocolate ao leite, 98
Morangos banhados de smoking, 50
Musse de chocolate e café, 76
Musse de chocolate e cereja, 78
Ouriços de chocolate, 90
Peras com amêndoas e chocolate, 54
Peras com chocolate e gergelim, 56
Pudim de chocolate com café, 92
Rocambole com laranja, 40
Sorvete branco e preto, 72
Sorvete de chocolate ao leite, 94
Sorvete de chocolate ao leite e chocolate branco, 74
Sorvete dois chocolates, 96
Taça de chocolate com chantili, 66
Tiramisù em taça com biscoito champanhe, 82
Torta Alasca, 114
Torta de chocolate com calda de frutas silvestres, 100
Torta gelada tricolor, 132
Torta Sacher, 134
Triângulos de chocolate, 102
Tronco de chocolate, 60
Trufas de chocolate, 154
Trufas de chocolate e café, 156
Tulipas com espuma de chocolate, 106
Vermelho e preto, 58
Vulcão com frutas silvestres, 108
Vulcão de chocolate com sorvete, 110